PROBLEMAS DE LA VIDA COTIDIANA

León

TROTSKI

De lo social 21, serie ensayo

LIBROS CORRIENTES

Las traducciones han sido extraídas de la tercera edición corregida y aumentada (1978) del libro de León Trotski titulado *El nuevo curso. Problemas de la vida cotidiana*, publicado en la colección Cuadernos de Pasado y Presente de la editorial homónima, fundada en 1968 por José María Aricó, Juan José Vargas, Óscar del Barco y Santiago Funes. Hemos tratado, inútilmente, de contactar con los traductores consignados en la obra. De contactar ellos con la editorial, gustosos les reconoceremos sus derechos de autoría y reproducción.

Problemas de la vida cotidiana fue traducido de *Problems of Life*, Colombo (Ceylan), A Young Socialist Publication, 1962, por Mónica Virasoro, excepto los capítulos I y V, traducidos del ruso por F.C., y los capítulos II, III y el apéndice, vertidos de la edición francesa (*Les questions du mode de vie*, París, Union Générale d'Éditions, 1976) por Óscar Terán.

El panfleto de Trotski fue publicado originalmente en 1923.

Colección: De lo social, 21, serie «Ensayo»

1.ª edición, febrero de 2024

ISBN: 978-84-126975-3-7
Depósito legal: M-3221-2024

Impreso en Tórculo Comunicación gráfica [TORCULO.COM]

LIBROSCORRIENTES.ES
LIBROSCORRIENTES.INFO@GMAIL.COM

ÍNDICE

Preguntas y respuestas sobre el modo de vida obrero

123

¿Cuáles son las razones fundamentales que impiden que el obrero sin partido se adhiera al partido comunista? / ¿Cuáles son los principales argumentos que esgrimen los obreros? / Es posible, sobre la base de una serie de observaciones, deducir lo siguiente: hemos tenido éxito en hacer adherirse al partido a los obreros que, por gusto personal, se interesaban sobre todo en la acción política; pero existen aún numerosos obreros que sólo se interesan por su trabajo, por la técnica, por el modo de vida familiar o por problemas puramente científicos o filosóficos. En lo que se refiere a estos obreros, aún no hemos hallado el medio de abordarlos, o sea, que todavía no sabemos cómo ligar los intereses técnicos, económicos, familiares, científicos de esos obreros con el socialismo, con el comunismo. Esta deducción, ¿es justa o no lo es?

¿Ha aportado la revolución trasformaciones en la vida familiar del obrero así como en su modo de considerar a la familia? / ¿Estos problemas son objeto de discusiones? ¿Dónde y cómo? / ¿Qué respuestas proponen los comunistas? / ¿De dónde extraen éstos las respuestas para dichos problemas? / ¿Por qué esos problemas no aparecen en los periódicos?

La vida se organizaba anteriormente en torno a tres momentos esenciales: el nacimiento, el casamiento y la muerte. / Los obreros que han roto con la iglesia, ¿por qué hábitos los han reemplazado? / ¿Existen nuevas formas de ceremonial para celebrar un nacimiento, un casamiento o para rendirle un último homenaje a un difunto?

¿Se nota entre los obreros un interés por los problemas menores del modo de vida que darían testimonio del deseo de elevar su nivel cultural, tales como una mayor educación, mayor limpieza, respeto por las reglas elementales de higiene, etcétera?

Anexo 2

¿Cuál es la salida? A propósito del modo de vida de los comunistas,

por Sedij

199

NOTA CORRIENTE

No solo de política vive el hombre, *tituló Trotski un epígrafe del panfleto que ahora reeditamos. Teniendo en mente que la imagen (difundida también —o incluso sobre todo— por la izquierda actual) de los antiguos comunistas rusos como insensibles burócratas obsesionados con la productividad, la lectura de este libro sirve, primeramente, de destructor de ideas falsas preconcebidas.*

En 1923, con Lenin enfermo, un partido comunista con unas tremebundas diatribas internas, con una Rusia devastada por una guerra civil apenas recién finalizada, podría sonar casi a capricho diletante que uno de los grandes dirigentes bolcheviques ocupara su tiempo en tratar con toda gravedad temas como las normas de cortesía, el habla cotidiana, las ceremonias de nacimiento, casamiento y muerte, el ocio, el alcohol, el cine y la lectura, la formación en geografía, la incompatibilidad entre la vida militante y la vida familiar y laboral, el devaluado lugar de la mujer en el hogar, el respeto en las relaciones amorosas, el maltrato familiar... Un solo vistazo a las preguntas que Trotski formuló entre algunos representantes obreros para elaborar su texto dan una idea, como dice José Aricó en la magnífica introducción a la edición en la que se basa la presente, de hasta qué punto «la sociedad socialista significaba para ellos [los bolcheviques] la iniciación de un proceso de autoeducación del proletariado y de las masas populares».

En Problemas de la vida cotidiana, *Trotski enfrenta problemas, comparte cavilaciones y pone en la palestra contradicciones que afectan a la clase trabajadora, a mujeres y hombres, en su vida familiar, privada, problemas que una lucha de clases desde arriba solo plantea en términos de tradiciones más o menos perpetuadas, pero que para los bolcheviques eran algo mucho más importante, más central en el devenir revolucionario.*

Prosigue Aricó: «pero para que este proceso pudiera darse había que destruir el mundo cultural sobre el que se asentaba la sociedad de clases. La revolución política realizada en octubre de 1917 lo había quebrantado seriamente, pero ese mundo podía volver a reconstituirse si no era destruido de raíz mediante una profunda revolución cultural»; había, como también apunta Aricó, que «dotar de contenido socialista a las conquistas revolucionarias». Una especie de «acumulación originaria cultural», es la metáfora que, un poco cogida por los pelos, utiliza Isaac Deutscher para hablar de la importancia que daba Trotski a este urgente proceso de educación comunista.

Los viejos bolcheviques tenían una idea clara de lo que significaba hacer una revolución, una idea práctica, firme y sin concesiones mucho más amplia y eficaz que el chato economicismo que habitualmente se les adscribe. Para muestra, este libro.

PREFACIO A LA PRIMERA EDICIÓN

Para que este libro resulte más comprensible es menester contar, en dos palabras, su historia. Me pareció que en la biblioteca del partido faltaba un pequeño folleto que, en forma sumamente popular, mostrase al obrero y al campesino medio el vínculo que une algunos hechos y ciertos fenómenos de nuestra época de transición y que, al indicar una perspectiva justa, serviría como arma para la educación comunista. Para verificar esta idea, me dirigí al secretario del comité de Moscú, camarada Zélenski, y le solicité reunir una pequeña asamblea de agitadores, en cuyo curso fuese posible intercambiar nuestros puntos de vista acerca de los medios y los procedimientos literarios de nuestra propaganda.

La reunión pronto superó los límites del proyecto inicial. Los problemas relativos a la familia y al modo de vida apasionaron a todos los participantes. A lo largo de tres sesiones que en total duraron de diez a doce horas se ha, si no resuelto, al menos abordado y puesto al día los diferentes aspectos de la vida obrera en una época de transición, así como nuestros medios de acción sobre el modo de vida obrero.

Entre la primera y la segunda sesión, y de acuerdo con la proposición de los participantes, formulé por escrito unas preguntas a las que algunos respondieron igualmente por escrito; por otra parte, algunas de dichas respuestas fueron el resultado de pequeñas asambleas en el nivel de los distritos. Nuestras conversaciones con los agitadores del comité de Moscú fueron tomadas taquigráficamente, y dichas versiones taquigráficas y esas encuestas son las que forman la base de la presente obra. Sin duda, este material es extremadamente insuficiente y, además, ha sido necesario retocarlo muy rápidamente. Pero mi objetivo no consistía en esclarecer el modo de vida obrero desde todos los ángulos, su evolución y los medios de actuar sobre él, sino sobre todo en presentar el problema del modo de vida obrero como un objeto digno de un estudio atento.

El pequeño libro que aquí se propone al lector no es el folleto popular cuya idea sirvió como punto de partida a este trabajo. Intentaré redactar dicho opúsculo si las circunstancias me lo permiten. Esta obra está destinada en primer lugar a los miembros del partido, a los dirigentes de los sindicatos, de las cooperativas y de los organismos culturales.

En un anexo presento los extractos más interesantes y más importantes de los cuestionarios y de las versiones taquigráficas de nuestra reunión.

Posiblemente al lector le resulte conveniente empezar por leer este anexo,[1] ya que así evitará ciertas dificultades de comprensión que podrían derivarse del hecho de que, para economizar tiempo y espacio, he omitido algunas citas y remisiones.

León Trotski
4 de julio de 1923

---

1 Se trata del cuestionario a los obreros, incluido en las pp 123-198 de esta edición. [Nota corriente]

PREFACIO A LA SEGUNDA EDICIÓN

Esta segunda edición ha sido considerablemente aumentada con respecto a la primera: en parte con viejos artículos directamente vinculados con cuestiones referentes al modo de vida, y sobre todo con artículos sumamente recientes. Expreso aquí mi reconocimiento hacia los camaradas que respondieron a mi llamamiento cuando les solicité que me hicieran llegar sus observaciones, sus propuestas y otros materiales sobre el tema del modo de vida. Lejos estoy de haber utilizado todos esos materiales, pero el trabajo no ha terminado y, por lo demás, éste solo puede tener un carácter colectivo, de una amplitud siempre creciente.

Algunas mentes privilegiadas intentaron oponer, por lo que sé, las tareas relativas a la cultura del modo de vida con las tareas revolucionarias. Semejante enfoque no puede ser definido más que como un grosero error político y teórico. En un artículo sobre la cultura proletaria (*Pravda*, n.º 207), escribimos:

> Cualesquiera que resulten la importancia y la necesidad vital de nuestra militancia cultural, ella aún se ubica bajo el signo de la revolución cultural y mundial. Somos, como ayer, soldados en campaña, y es nuestro día de descanso. Hay que preparar la lejía, cortarse el cabello, peinarse y, sobre todo, limpiar y engrasar la bayoneta. Nuestro trabajo cultural viene a consistir únicamente en poner un poco de orden en nuestros asuntos, entre dos combates, entre dos campañas. Los combates más importantes aún están por venir; posiblemente, incluso, ya están cerca. Nuestra época no es todavía la de la nueva cultura, sino solo su antesala.

En la medida en que nuestro trabajo económico y cultural adquiera un carácter sistemático y práctico, más exitosamente resolveremos las importantes tareas que se nos presentan. La segunda oleada no será de ninguna manera una simple repetición de la primera, sino que exigirá de todos nosotros y en todos los dominios una preparación y una calificación incomparablemente superiores. Aquí se impone sobre todo una comprensión más profunda, por parte de las masas trabajadoras, de las perspectivas constructivas que únicamente la revolución mundial triunfante puede ofrecernos totalmente y en toda su amplitud.

León Trotski
9 de septiembre de 1923

I. NO SOLO DE «POLÍTICA» VIVE EL HOMBRE

Es preciso que entendamos de una vez por todas esta idea sumamente sencilla, y que nunca la olvidemos en nuestra propaganda, oral o escrita. Cada época tiene sus canciones.

La historia prerrevolucionaria de nuestro partido fue la de la política revolucionaria. La literatura, la organización del partido, todo era dictado por la política en el sentido más estricto e inmediato, en el sentido más estrecho del término. La revolución y la guerra civil aumentaron todavía más la crudeza e intensidad de las tareas e intereses políticos. En el curso de esos años, el partido ha sabido agrupar a los elementos más activos de la clase obrera. Sin embargo, la clase obrera conoce los resultados políticos más importantes de esos años. La pura y simple repetición de esos resultados ya no le ofrece nada, más bien contribuye a borrar de su espíritu las enseñanzas del pasado. Después de la toma del poder y de su consolidación a raíz de la guerra civil, nuestras tareas principales se han desplazado en dirección a la edificación económico-cultural; estas tareas se han complicado, fraccionado, detallado, convirtiéndose en cierto modo en «prosaicas». Al mismo tiempo, toda nuestra lucha anterior, sus penas y sus sacrificios, se justificarán solo en la medida en que aprendamos a formular correctamente nuestras tareas «culturales» parciales, diarias, y a resolverlas.

¿En qué consisten, en definitiva, las adquisiciones de la clase obrera? ¿Qué ha podido asegurarse mediante la lucha llevada a cabo hasta el presente?

1. La dictadura del proletariado (por medio del Estado obrero y campesino dirigido por el partido comunista).
2. El Ejército Rojo, sostén material de la dictadura del proletariado.
3. La nacionalización de los medios de producción más importantes, sin los cuales la dictadura del proletariado no sería sino una mera fórmula.
4. El monopolio del comercio exterior, requisito indispensable para la edificación socialista, dado el cerco capitalista.

Esos cuatro elementos, irrevocablemente adquiridos, constituyen el marco de bronce de nuestro trabajo. Gracias a este marco, cada uno de nuestros éxitos económicos y culturales será forzosamente —siempre y cuando se trate de éxitos reales y no supuestos— parte integrante del edificio socialista.

¿En qué consiste, pues, nuestra tarea actual? ¿Qué debemos aprender? ¿A qué debemos tender ante todo? Tenemos que aprender a trabajar correctamente, con precisión, limpieza y economía. Necesitamos desarrollar la cultura en el trabajo, la cultura de la vida, la cultura del modo de vida. Hemos derribado el reino de los explotadores —después de una larga preparación— gracias a la palanca de la insurrección armada. No existe palanca apropiada para elevar de un solo golpe el nivel cultural. Esto requiere un largo proceso de autoeducación de la clase obrera acompañada y seguida por el campesinado. Sobre ese cambio de orientación de nuestra atención, de nuestros esfuerzos, de nuestros métodos, el camarada Lenin escribe en su artículo dedicado a la cooperación:

Nos vemos forzados a admitir que nuestra posición con relación al socialismo se ha modificado radical-mente. Ese cambio radical consiste en que antes nues-tros principales esfuerzos se dirigían necesariamente a la lucha política, la revolución, la conquista del poder, etc. Mientras que ahora el centro de gravedad se des-plaza de tal manera que llegará a situarse en el trabajo pacífico de organización cultural. Estoy dispuesto a afirmar que el centro de gravedad debería situarse en la militancia cultural, si no fuera por las condiciones internacionales y la necesidad de luchar por nuestra posición a escala internacional.

Pero si dejamos de lado este factor, si nos limita-mos a las condiciones económicas internas, el esfuer-zo esencial debe dedicarse a la militancia cultural.[1]

1 Es útil recordar aquí la definición del «militarismo cultural» que doy en mis *Pensamientos sobre el Partido*: «Al nivel de su realización práctica la revo-lución parece haberse 'desparramado' en tareas particulares: hay que reparar los puentes, enseñar a leer y a escribir, disminuir el costo de la fabricación de las botas en las fábricas soviéticas, luchar contra la suciedad, capturar a los estafadores, llevar la electricidad a los campos, etc. Algunos intelectuales burdos, que tienen la mente al revés (de ahí, por lo demás, que se conside-ren poetas y filósofos), ya han hablado de la revolución con una grandiosa condescendencia: aprende uno –dicen– a vender (qué chusco) y a coser botones (qué risa). Pero dejemos de lado a estos habladores en el vacío. Desempeñar un trabajo puramente práctico y cotidiano en el dominio de la economía y la cultura soviéticas –aún en el del comercio al por menor– no significa en modo alguno ocuparse en cosas secundarias ni implica por necesidad una mentalidad de tacaño. Cosas secundarias sin grandes cosas, las hay a granel en la vida humana. Pero en la historia nunca se hacen gran-des cosas sin pequeñas. Con más precisión: las pequeñas cosas, en una gran época, integradas a una gran obra, dejan de ser pequeñas.

Entre nosotros, se trata de la construcción de la clase obrera que, por primera vez, construye para ella y según su propio plan. Este plan histórico, todavía sumamente imperfecto y confuso, debe englobar en un conjunto creativo único todos los elementos, aún los más insignificantes, de la acti-vidad humana. Todas las tareas secundarias y aisladas —hasta el comercio soviético al por menor— son parte integrante de la clase obrera dominante que trata de vencer su debilidad económica y cultural.

La construcción socialista es una construcción planeada de gran envergadura. A través del flujo y el reflujo, de los errores y virajes, de los

Por consiguiente, las tareas exigidas por nuestra situación internacional nos apartan de nuestro trabajo cultural, aunque esto sea cierto solo a medias, como vamos a ver. En nuestra situación internacional, el factor principal es el de la defensa nacional, es decir, el Ejército Rojo. En este plano extremadamente importante, las nueve décimas partes de nuestra tarea desembocan en el trabajo cultural: hay que elevar el nivel del ejército, ante todo hace falta que sepa leer y escribir; hay que enseñarle a servirse de un manual, de libros, de mapas geográficos; hay que acostumbrarlo a un mayor esmero, exactitud, corrección, economía, facultad de observación. Ningún milagro resolverá de un solo golpe esta tarea. Después de la guerra civil, durante la transición hacia la nueva época, el intento por dotar nuestro trabajo de una saludable «doctrina militar proletaria» fue el ejemplo más flagrante, el más evidente de la incomprensión opuesta a las tareas de la nueva época. Los orgullosos proyectos que apuntan a la creación de una «cultura proletaria» de laboratorio revelan idéntica incomprensión. Esta búsqueda de la piedra filosofal resulta de la desesperación ante nuestro atraso, al mismo tiempo que de la creencia en los milagros que, ya de por sí, es un índice de atraso. No tenemos sin embargo razón alguna de desesperar, y ya es hora de renunciar a la creencia en

meandros de la NEP, el partido lleva adelante su plan, educa a la juventud en el espíritu de este plan, enseña a cada uno a vincular su actividad particular a la obra general, que exige hoy que sean cosidos con cuidado los botones soviéticos y que mañana pedirá morir valerosamente bajo la bandera del comunismo.

Debemos exigir, y exigiremos, de parte de nuestra juventud, una especialización superior y profunda; tendrá pues que despojarse del principal defecto de nuestra generación, que se las da de saber todo y cómo hacer todo; pero se tratará de una especialización al servicio del plan general, pensado y aceptado por cada cual en particular». [León Trotski] los milagros, a la charlatanería pueril del tipo «cultura proletaria» o «doctrina militar proletaria». En el plano de la cultura proletaria, hay que aplicarse diariamente al progreso de la cultura, que es el único que podrá dotar de un contenido socialista a las principales adquisiciones de la revolución. He aquí lo que hay que comprender, so pena de jugar un juego reaccionario en el desarrollo del pensamiento y del trabajo del partido.

Cuando el camarada Lenin dice que nuestras tareas actuales no pertenecen tanto al terreno político como al de la cultura, hay que entenderse sobre los términos, con el fin de evitar una falsa interpretación de su pensamiento. En cierto sentido, todo está determinado por la política. En sí mismo, el consejo del camarada Lenin de trasladar nuestra atención de la política a la cultura es un consejo de orden político. Si en un momento dado, en un determinado país, el partido obrero decide plantear primero las reivindicaciones económicas y no las políticas, esta decisión tiene en sí un carácter político. Es evidente que el adjetivo 'político' se emplea aquí en dos acepciones distintas: primeramente en el sentido amplio del materialismo dialéctico, que abarca el conjunto de todas las ideas, métodos y sistemas rectores aptos para orientar la actividad colectiva en todos los campos de la vida pública; luego, en sentido estricto, caracteriza en concreto a una cierta parte de la actividad social, estrechamente ligada a la lucha por el poder y opuesta al trabajo económico, cultural. Cuando el camarada Lenin escribe que la política es economía concentrada, considera a la política en el sentido amplio, filosófico. Cuando el camarada Lenin dice: «Menos política y más economía», se refiere a la política en el sentido restringido y específico.

El término puede emplearse tanto en un sentido como en otro, ya que tal empleo está consagrado por el uso. Basta con comprender claramente de lo que se trata en cada caso específico.

La organización comunista consiste en un partido político en el sentido amplio, histórico o, si se quiere, en el sentido filosófico del término. Los otros partidos actuales son políticos, sobre todo porque hacen (pequeña) política. La trasferencia de la atención de nuestro partido al trabajo cultural no implica, pues, disminución alguna de su papel político. Su papel histórico determinante (es decir, político) lo ejercerá el partido precisamente concentrando su atención en el trabajo de educación y en la dirección de ese trabajo. Solo el resultado de largos años de trabajo socialista fructífero en el plano interior, llevado a cabo bajo la garantía de la seguridad exterior, podría deshacer las trabas que implica el partido, haciendo que éste se reabsorba en la comunidad socialista. De aquí a entonces hay un trecho tan largo que mejor vale no pensar en ello En lo inmediato, el partido debe conservar íntegramente sus características principales: cohesión moral, centralización, disciplina, únicas garantías de nuestra capacidad de combate. En las nuevas condiciones esas inapreciables virtudes comunistas podrán precisamente mantenerse y desplegarse, con la condición de que las necesidades económicas y culturales sean satisfechas en forma perfecta, hábil, exacta y minuciosa. Considerando justamente esas tareas, a las que hay que conceder la preeminencia en nuestra política actual, el partido se dedica a repartir y a agrupar sus fuerzas, educando a la nueva generación. Dicho de otro modo: la gran política exige que el trabajo de agitación, de propaganda, de reparto de los esfuerzos, de instrucción y de educación se concentre en las tareas y en las necesidades de la economía y de la cultura, y no en la «política», en el sentido estrecho y particular del término.

El proletariado representa una poderosa unidad social, que se despliega plena y definitivamente en períodos de lucha revolucionaria aguda en pro de los objetivos de la clase en su totalidad. Pero en el interior de esta unidad se observa una diversidad extraordinaria, y hasta una disparidad no despreciable. Entre el pastor ignorante y analfabeto y el mecánico altamente especializado existe un gran número de calificaciones, de niveles de cultura y de adaptación a la vida diaria. Cada capa, cada corporación, cada grupo se compone, después de todo, de seres vivos de edad y temperamento diferentes, cada uno de ellos con un pasado distinto. Si esta diversidad no existiera, el trabajo del partido comunista, en lo referente a la unificación y a la educación del proletariado, sería sumamente sencillo. Sin embargo, ¡cuán difícil es ese trabajo, como vemos en Europa occidental! Se puede decir que mientras más rica es la historia de un país y, por consiguiente, la historia de su clase obrera, mientras más educación, tradición y capacidades ha adquirido, más contiene antiguos grupos y más difícil resulta constituirla en unidad revolucionaria. Tanto en historia como en tradiciones, nuestro proletariado es muy pobre. Esto es lo que ha facilitado, sin duda alguna, su preparación revolucionaria para la conmoción de octubre. Esto es también lo que ha hecho más difícil su trabajo de edificación después de octubre. Exceptuando a la capa superior, nuestros obreros están desprovistos indistintamente de las capacidades y de los conocimientos culturales más elementales (en lo referente a la limpieza, la facultad de leer y de escribir, la exactitud, etc.). A lo largo de un extenso período el obrero europeo ha adquirido paulatinamente esas capacidades en el marco del orden burgués: he ahí por qué, a través de sus capas superiores, está tan estrechamente ligado al régimen burgués, a su democracia, a la prensa capitalista y demás ventajas. Por el contrario nuestra burguesía atrasada no tenía casi nada que ofrecer en ese sentido, por lo que el proletariado ruso pudo romper más fácilmente con el régimen burgués, y derrocarlo. Por esa misma razón, la mayoría de nuestro proletariado se ve obligada a adquirir y reunir las capacidades culturales rudimentarias solamente hoy, es decir, sobre la base del estado obrero ya socialista. La historia no nos da nada gratuitamente: la rebaja que nos concede en un campo —el de la política— se la cobra en el otro —el de la cultura. En la misma medida en que fue fácil —desde luego, relativamente— la sacudida revolucionaria para el proletariado ruso, le resulta difícil la edificación socialista. En compensación, el marco de nuestra nueva vida social, forjado por la revolución, y que se caracteriza por los cuatro elementos fundamentales citados al comienzo de este capítulo, confiere a todos los esfuerzos leales, orientados en un sentido razonable en el plano económico y cultural, un carácter objetivamente socialista. Bajo el régimen burgués, sin saberlo y sin quererlo, el obrero contribuía al mayor enriquecimiento de la burguesía, en la medida en que trabajaba mejor. En el Estado soviético, el obrero consciente, aun sin pensar ni preocuparse de ello (cuando es sin partido y apolítico) realiza trabajo socialista y acrecienta los medios de la clase laboriosa. Todo el significado del cambio de octubre está ahí, y la nueva política económica (NEP) no lo altera en absoluto.

Hay una enorme cantidad de obreros sin partido profundamente interesados en la producción, en el aspecto técnico de su trabajo. Solo se puede hablar condicionalmente de su «apoliticismo», es decir, de su falta de interés por la política. Los hemos visto a nuestro lado en todos los momentos importantes y difíciles de la revolución. En general, octubre no los ha asustado; no han desertado ni traicionado. Durante la guerra civil, muchos fueron al frente, otros trabajaban lealmente en las fábricas de armamentos. Más tarde, se orientaron hacia trabajos de paz. Se les dice —no del todo sin razón— apolíticos, porque sus intereses productivos-corporativos o familiares predominan sobre su interés político, por lo menos en tiempos corrientes, «tranquilos». Cada uno de ellos quiere convertirse en un buen obrero, perfeccionarse, elevarse a una categoría superior, tanto para mejorar la situación familiar como por un justo orgullo profesional. Como acabamos de decir, cada uno realiza así trabajo socialista sin proponérselo. Pero nosotros, el partido comunista, estamos interesados en que esos obreros empeñados en la producción relacionen, conscientemente, su parte de trabajo productivo diario con las tareas de la edificación socialista de conjunto. El resultado de semejante nexo garantizaría mejor los intereses del socialismo, y los que contribuyesen así, modestamente, a su edificación, experimentarían una satisfacción moral más profunda.

¿Cómo alcanzar ese objetivo? Es difícil abordar a ese obrero por el lado puramente político. Ya ha oído todos los discursos. No se siente atraído por el partido. Sus pensamientos giran alrededor de su trabajo y no está muy satisfecho que digamos con las actuales condiciones que encuentra en el taller, en la fábrica o en el trust. Estos obreros quieren tener ellos mismos sus propias ideas, no son comunicativos, y de su medio surgen los inventores autodidactas. No se les puede abordar en el plano de la política; ese tema no les concierne profundamente por el momento, pero se les puede y se les debe hablar de productividad y de técnica.

En la susodicha sesión de debates de los propagandistas de Moscú, uno de los participantes, el camarada Koltsov (del barrio de Krasnaïa Presnia), señaló la escasez extraordinaria de manuales soviéticos, guías prácticas y métodos de enseñanza de las distintas especialidades y oficios técnicos. Las viejas obras de este tipo se han agotado, otras han caducado técnicamente y, generalmente, en el plano político, responden a un espíritu servilmente capitalista. Los nuevos manuales de este género pueden contarse con los dedos de las manos, resulta difícil conseguirlos, pues fueron publicados en distintas épocas, por distintas editoriales y administraciones, sin el menor plan de conjunto. Con frecuencia insuficientes desde el punto de vista técnico, no pocas veces exageradamente teóricos y académicos, carecen generalmente de todo color político, y no son, en el fondo, sino traducciones camufladas de una lengua extranjera. Sin embargo, tenemos necesidad de toda una serie de nuevos manuales destinados al cerrajero soviético, al tornero soviético, al montador electricista soviético, etc. Esos manuales deben adaptarse a nuestra técnica y a nuestra economía actuales. Deben tener en cuenta tanto nuestra pobreza como nuestras enormes posibilidades, y tender a introducir en nuestra industria métodos y prácticas nuevos, más racionales. En mayor o menor medida, deben abrir perspectivas socialistas en lo referente a las necesidades y a los intereses de la propia técnica (aquí se incluyen las cuestiones de normalización, de electrificación y de economía planificada). Esas publicaciones deben presentar ideas y soluciones socialistas como parte integrante de la teoría práctica relacionada con la rama de trabajo en cuestión, evitando aparecer como una propaganda inoportuna venida de fuera. La necesidad de esas publicaciones es inmensa. Es el resultado de la escasez de obreros cualificados y del deseo del obrero de elevar su cualificación. La interrupción del ritmo de producción durante los años de guerra imperialista y de la guerra civil no ha hecho más que acrecentar esa necesidad. Nos encontramos ante una tarea cuya importancia iguala su atractivo.

Evidentemente, no hay que disimular las dificultades que plantea la creación de toda una serie de manuales de ese tipo. Los obreros autodidactas, aun los altamente cualificados, no están en condiciones de escribir tratados. Los autores de textos técnicos que se encargan de ese trabajo ignoran con frecuencia su aspecto práctico. Por otra parte, raramente tienen una mentalidad socialista. Sin embargo, es posible llevar a cabo esta tarea, no de manera «simple», es decir, rutinaria, sino con medios combinados. Para escribir un tratado, o por lo menos para hacer su revisión, hay que constituir un colegio, digamos un comité de tres miembros, compuesto de un escritor especializado, con formación técnica, que conozca, si es posible, el estado de nuestra producción en el campo en cuestión, o capaz de aprender a conocerlo; de un obrero altamente cualificado que pertenezca a la misma rama y que se interese en la producción, dotado, si es posible, de un espíritu de invención; y de un escritor marxista, con formación política, que se interese y que tenga algunos conocimientos en materia de producción y de técnica. Es más o menos de este modo como se debería llegar a crear una biblioteca modelo de manuales de enseñanza técnica relacionados con la producción (por categoría profesional) bien impresos, desde luego, bien encuadernados, con un formato práctico y poco costoso. Una biblioteca de ese tipo tendría un doble objetivo: contribuiría a elevar el nivel de calificación del trabajo, y por consiguiente el éxito de la edificación socialista; contribuiría además a ligar una categoría muy preciosa de obreros productivos al conjunto de la economía soviética, y por consiguiente al partido comunista.

Desde luego, no se trata de limitarse a una serie de manuales de enseñanza. Si nos hemos detenido en los detalles de este ejemplo es porque nos da una idea bastante clara de los nuevos métodos requeridos por las nuevas tareas del período actual. Nuestro combate por ganar moralmente para nuestra causa a los trabajadores «apolíticos» del sector productivo debe y puede ser conducido por distintos medios. Necesitamos revistas semanales o mensuales técnico-científicas, especializadas según la rama de producción; necesitamos asociaciones técnicas, científicas, que se sitúen al nivel de esos trabajadores. A ellos debe adaptarse una buena parte de nuestra prensa sindical, so pena de seguir siendo una prensa destinada exclusivamente al personal de los sindicatos. Mientras tanto, el argumento político más adecuado para convencer a este tipo de obreros consiste en cada uno de nuestros éxitos prácticos en el plano industrial, en cada mejoramiento real del trabajo en la fábrica o en el taller, en cada gestión maduramente meditada por el partido en ese sentido.

Las concepciones políticas de este tipo de obrero pueden ser adecuadamente ilustradas, formulando las ideas que expresa con frecuencia del modo siguiente: «En lo que respecta a la revolución y al derrocamiento de la burguesía, no hay ni que hablar; en ese sentido, todo va bien y es algo que no tiene marcha atrás. No necesitamos a la burguesía. Podemos prescindir igualmente de los mencheviques y de otros lacayos de la burguesía. En cuanto a la 'libertad de la prensa', no nos importa realmente, pues la cuestión no es esa. ¿Pero qué pasa con la economía? Vosotros, comunistas, habéis asumido la dirección. Vuestras intenciones y vuestros planes son excelentes, eso lo sabemos; sobre todo, no nos lo repitáis; ya lo habéis dicho y estamos de acuerdo, os apoyaremos; ¿pero cómo vais a resolver esas tareas en la práctica? Hasta ahora, no tratéis de disimularlo, habéis cometido no pocos errores. Claro, no se puede hacer todo a la vez, hay mucho que aprender y los errores son inevitables. Ocurre lo mismo en todas partes. Y ya que toleramos los crímenes de la burguesía, soportaremos bien las faltas de la revolución. Pero esta situación no puede eternizarse. Entre vosotros, comunistas, hay también gente de todo tipo, como entre nosotros, simples mortales: algunos hacen progresos, toman las cosas a pecho, se esfuerzan en llegar a un resultado económico concreto, mientras que otros solo tratan de embaucarnos con frases huecas. Y los charlatanes son muy dañinos, pues el trabajo se les escapa entre los dedos».

He ahí, pues, ese tipo de obrero: es un tornero, un cerrajero o un fundidor laborioso, ambicioso, que se interesa en su trabajo; no es un exaltado, más bien pasivo desde el punto de vista político, aunque razonador, crítico, a veces un poco escéptico, pero siempre fiel a su clase; es un proletario de gran valor. Hacia él el partido debe orientar actualmente sus esfuerzos. ¿Hasta qué punto sabremos ganarnos a esta capa en la práctica, en la economía, en la producción, en la técnica? La respuesta a esta pregunta indicará con el máximo de exactitud la medida de nuestros éxitos políticos en materia de trabajo cultural, en el sentido amplio que le da Lenin.

Dirigir nuestros esfuerzos hacia el obrero consciente, por supuesto, no contradice en modo alguno la otra tarea primordial del partido, que consiste en encuadrar a la joven generación del proletariado, pues esta joven generación se desarrolla en las condiciones adecuadas; se forma, se fortalece, se endurece en la resolución de problemas concretos. La joven generación deberá ser ante todo una generación de obreros altamente cualificados, amantes de su trabajo. Crecerá con la convicción de que su trabajo productivo se realiza al servicio del socialismo. El interés que se tomen en su propia formación profesional, el deseo de adquirir maestría en su oficio realzará en gran medida, a los ojos de los jóvenes, la autoridad de los obreros competentes de la «antigua generación», quienes, como hemos dicho, permanecen, en su mayor parte, fuera del partido. Nuestra orientación hacia el obrero asiduo, concienzudo, competente, constituye pues, al mismo tiempo, una directriz en materia de educación de los jóvenes proletarios. Fuera de esta vía, todo progreso hacia el socialismo es imposible.

II. EL PERIÓDICO Y SU LECTOR

El crecimiento cuantitativo del partido, así como el desarrollo de su influencia sobre los elementos sin partido, por una parte, y, por la otra, la nueva etapa de la revolución que abordamos en la actualidad, explican que el partido se enfrente simultáneamente con nuevos pero también con viejos problemas que aparecen bajo una nueva forma, comprendidos en el dominio de la agitación y de la propaganda. Es preciso que reexaminemos con mucha atención los instrumentos y los medios de nuestra propaganda. ¿Resultan suficientes en volumen, es decir, abarcan todos los problemas que reclaman un esclarecimiento? ¿Tienen una expresión adecuada, accesible al lector y apta para interesarlo?

Entre otros, este problema fue examinado por los veinticinco agitadores y propagandistas moscovitas reunidos en asamblea. Sus puntos de vista, sus opiniones, sus apreciaciones, fueron registrados taquigráficamente, y espero que pronto pueda editar todo ese material. Nuestros camaradas periodistas hallarán allí un gran número de amargos reproches, y debo confesar que, a mi entender, la mayor parte de dichos reproches son justificados. El problema de la organización de nuestra agitación escrita, y en primer lugar de nuestra agitación periodística, es demasiado importante como para ser silenciado. Hay que hablar francamente.

«El uniforme —dice un proverbio— hace al general». Es necesario, entonces, empezar por la técnica periodística. Esta es mejor, por cierto, que en el período 1919-1920, pero aún es extremadamente defectuosa. Como consecuencia de la falta de cuidado en la compaginación, del exceso de tinta, el lector cultivado, y con mayor razón el que no lo es, tiene dificultades para leer el periódico. Los de gran tirada destinados a las amplias masas obreras, como *El Moscú Trabajador* o *La Gaceta Obrera*, están sumamente mal impresos. La diferencia entre uno y otro ejemplar es muy grande: a veces, casi todo el diario resulta legible; otras, no se entiende la mitad. Es por ello que la compra de un periódico se asemeja a una lotería. Extraigo al azar uno de los últimos números de *La Gaceta Obrera* y miro «El rincón de los niños: El cuento del gato inteligente». Imposible leerlo, hasta tal punto resulta defectuosa su impresión, ¡y eso que es para los niños! Hay que decirlo con franqueza: nuestra técnica en materia de periódicos es nuestra vergüenza. A pesar de nuestra pobreza, de nuestra inmensa necesidad de instrucción, nos permitimos el lujo de embadurnar la cuarta parte, si no la mitad, de una hoja de periódico. Semejante «trapo» no puede más que irritar al lector; un lector poco advertido se cansa, uno cultivado y exigente hace rechinar sus dientes y desprecia decididamente a quienes así se burlan de él. Ya que siempre hay alguien que escribe esos artículos, alguien que los confecciona, alguien que los imprime y, después de todo, el lector, a pesar de todos sus esfuerzos, no puede descifrar la mitad. ¡Qué vergüenza y qué infamia! Durante el último congreso del partido se le otorgó una atención particular al problema de la tipografía, y se planteó la pregunta de hasta cuándo podemos soportar esta situación.

«El uniforme hace al general». Ya hemos visto que una impresión defectuosa a veces impide penetrar en el espíritu de un artículo, pero todavía falta proceder a la disposición del material, a la composición, a las correcciones. Detengámonos meramente en las correcciones, pues las hacemos particularmente mal. No es raro encontrar errores de impresión y erratas enormes, y no solo en los periódicos sino también en las revistas científicas, especialmente en la revista *Bajo la Bandera del Marxismo*. León Tolstói dijo una vez que los libros eran un instrumento para esparcir la ignorancia. Por supuesto, esta afirmación de barón desdeñoso es completamente falaz. Pero, ¡ay!, en parte se justifica si se consideran las correcciones de nuestra prensa. ¡Esto tampoco es posible soportarlo más! Si las imprentas no disponen con los cuadros necesarios, con correctores revisores cultivados que conozcan su trabajo, es imprescindible entonces perfeccionar en el taller a los cuadros existentes y brindarles cursos de apoyo, así como también cursos de instrucción política. Un corrector debe comprender el texto que corrige, de lo contrario no es un corrector, sino un propagador involuntario de la ignorancia; la prensa, diga Tolstói lo que quiera, es y debe ser un instrumento de educación.

Fijémonos ahora con mayor detenimiento en el contenido del periódico.

Un periódico sirve ante todo como lazo entre los individuos; les hace conocer lo que ocurre y dónde ocurre. El alma de un periódico está constituida por una información fresca, abundante, interesante. En nuestros días, el telégrafo y la radio desempeñan un papel muy importante en la información periodística. Por ello el lector habituado a un diario y ducho en su lectura se precipita ante todo sobre los títulos de los «comunicados». Pero para que los despachos ocupen el primer lugar en un periódico soviético, es preciso que presenten hechos importantes e interesantes en una forma comprensible para la masa de los lectores. Sin embargo, ello no ocurre en absoluto. En nuestros periódicos, los comunicados se componen e imprimen de modo semejante al de la «gran» prensa burguesa. Si se siguen diariamente los comunicados de algunos periódicos, se tiene la impresión de que los camaradas que se ocupan de esta sección, cuando confeccionan los nuevos despachos, se han olvidado por completo de lo que habían informado en la víspera: su trabajo no presenta absolutamente ninguna continuidad lógica, cada despacho parece un fragmento caído allí por azar, las explicaciones que se ofrecen poseen un carácter fortuito y generalmente irreflexivo. Justamente, si al lado del nombre de tal o cual político burgués extranjero el redactor escribe entre paréntesis «lib.» o «cons.» —lo que significa «liberal», «conservador»—, como las tres cuartas partes de los lectores no entienden esas abreviaturas, dichas aclaraciones solo pueden embarullarlos todavía más. Los comunicados que nos informan, por ejemplo, sobre lo que ocurre en Bulgaria o en Rumanía pasan habitualmente por Viena, Berlín, Varsovia. Los nombres de estas ciudades estampados al principio del despacho despistan totalmente a la mayoría de los lectores, totalmente ignorantes en geografía. ¿Por qué cito estos detalles? Siempre por la misma razón: porque muestran, mejor que nada, cuán poca atención prestamos, cuando preparamos nuestros periódicos, a la situación del lector poco advertido, a sus necesidades, a sus dificultades. La confección de los despachos en un periódico obrero es lo más difícil, lo que requiere la mayor responsabilidad. Exige un trabajo atento, minucioso.

Hay que reflexionar sobre todos los aspectos de un comunicado importante, darle una forma tal que corresponda inmediatamente a lo que la masa de los lectores ya sabe más o menos bien; es preciso reagrupar los despachos antes de anteponerles las explicaciones necesarias. ¿Para qué sirve un gran titular de dos o tres líneas o más si no hace más que repetir lo que se dice en el comunicado? Muy a menudo, dichos titulares solo sirven para embrollar al lector. Una huelga sin importancia suele tener como título «¡Ya está!» o «Pronto, el desenlace», en tanto que el mismo despacho solo se refiere a un vago movimiento entre los ferroviarios, sin mencionar ni su causa ni sus objetivos. Al día siguiente, ni una palabra sobre este acontecimiento; tampoco al siguiente. Cuando el lector lee otra vez un comunicado titulado «¡Ya está!», considera que se trata de un trabajo poco serio, de la barata rufianería periodística, y disminuye su interés por los comunicados y por el mismo periódico. Si, por el contrario, el redactor del titular de los despachos se acuerda de lo que ha publicado en la víspera y en la antevíspera, y si trata por sí mismo de comprender lo que vincula a los acontecimientos y a los hechos entre sí con el fin de explicárselos al lector, la información, aunque muy imperfecta, adquiere inmediatamente un inmenso valor educativo. En la mente del lector, unas informaciones sólidas se ordenan progresivamente; le resulta cada vez más fácil entender los hechos novedosos, y aprende a buscar y a encontrar en un diario las informaciones importantes. Así el lector da un paso enorme en el camino de la cultura. Es imprescindible que las redacciones concentren todos sus esfuerzos sobre la información telegráfica, es menester que esta sección se componga como es debido. Solamente si los mismos periódicos presionan y dan el ejemplo, se podrá educar progresivamente a los corresponsales de la agencia ROSTA.[1]

Una vez por semana —lo mejor sería evidentemente el domingo, es decir, el día en que el obrero está libre—, habría que realizar un balance de los hechos más notables. A propósito, un trabajo semejante constituiría un modo maravilloso para educar a los responsables de las diversas secciones, quienes aprenderían a rebuscar más cuidadosamente aquello que vincula los diversos acontecimientos entre sí, cosa que se reflejaría beneficiosamente sobre la redacción cotidiana de cada sección.

Es imposible comprender las noticias del extranjero si no se poseen ciertos conocimientos geográficos elementales. Los mapas imprecisos que a veces reproducen los periódicos, incluso cuando resultan legibles, no ayudan demasiado al lector que ignora cómo están dispuestos los diversos países del mundo, cómo están repartidos los diferentes Estados. La cuestión de los mapas representa, en nuestra situación, o sea, en función del entorno capitalista y el ascenso de la revolución mundial, un importante problema de educación social. Dondequiera se organicen conferencias y mítines, o al menos en los locales más importantes, es necesario disponer de mapas especiales donde estén bien delimitadas las fronteras entre Estados, donde se señalen ciertos elementos del desarrollo económico y político de dichos Estados. Posiblemente resultase útil, como durante la guerra civil, fijar ese tipo de mapas esquemáticos en algunas calles y en ciertos lugares;

---

1 ROSTA: Agencia Telegráfica Rusa, antecesora de la Agencia TASS.

seguramente se encontrarían los medios de hacerlo. El año pasado se distribuyó una cantidad inverosímil de banderolas con cualquier pretexto. ¿No sería mejor utilizar esos medios para dotar a las fábricas, a los talleres y luego a las aldeas de mapas? Cada conferenciante, cada orador, etc., al evocar a Inglaterra y sus colonias, podría ubicarlas inmediatamente sobre el mapa, e igualmente mostraría dónde se encuentra el Ruhr. El orador será el primero en sacar ventajas, ya que sabrá más clara y precisamente de qué habla puesto que deberá averiguar antes dónde se encuentra tal o cual país, tal o cual Estado. Y la audiencia, si la cuestión le interesa, no dejará de acordarse de lo que se le habrá mostrado, posiblemente no la primera, pero sí la quinta o décima vez. Y a partir de aquel momento, cuando las palabras «Ruhr», «Londres», «India», dejen de carecer de sentido, el lector leerá los comunicados de una manera totalmente diferente. Leerá gustosamente en el diario la palabra «India» cuando sepa dónde se encuentra ese país. Se sentirá más seguro de sí mismo, asimilará mejor los comunicados y los artículos políticos; se sentirá más culto, y efectivamente lo será. Así, unos mapas claros y elocuentes se tornan en un elemento fundamental de la educación política de todos. El Gosizdat[1] debería ocuparse seriamente de este problema.

Pero volvamos al periódico. Los defectos que hemos señalado respecto de las «noticias del extranjero» los reencontramos en la información «sobre el país», en parte en lo concerniente a la actividad de las empresas, de las cooperativas soviéticas, etc. Esta actitud negligente, descarada ante el lector, resalta a menudo en las «pequeñas nadas» que

---

1 Gosizdat: Ediciones del Estado.

bastan para estropearlo todo. Las empresas soviéticas son nombradas mediante abreviaturas, a veces incluso son designadas únicamente por sus iniciales (la primera letra de cada palabra). Esto permite, en la misma empresa o en las empresas vecinas, economizar tiempo y papel. Pero la gran mayoría de los lectores no puede conocer esas abreviaturas convencionales. Además, nuestros periodistas, cronistas y reporteros hacen malabarismos con montones de siglas incomprensibles, como *clowns* con sus balones. Así, por ejemplo, se informa de una discusión con el camarada Untel, presidente del SAM,[1] y esta sigla se utiliza decenas de veces a todo lo largo del artículo. Es preciso ser un burócrata soviético sagaz para entender que se trata del Servicio de la Administración Municipal. Jamás la masa de los lectores podrá descifrar esta abreviatura e, irritados, abandonarán el artículo y posiblemente incluso el periódico. Nuestros periodistas deben meterse muy bien en la cabeza que las abreviaturas y las siglas solamente son válidas en la medida en que sean inmediatamente comprensibles; cuando no sirven más que para confundir los espíritus, utilizarlas resulta criminal y estúpido.

Un diario, como hemos dicho anteriormente, debe ante todo informar correctamente. No puede constituir un instrumento de educación más que si la información que brinda está bien confeccionada, es interesante y está juiciosamente expuesta. Un acontecimiento debe sobre todo ser presentado en forma clara e inteligible: hay que precisar dónde ocurre, qué ocurre y cómo ocurre. Muchas veces consideramos que los acontecimientos y los hechos

---

1 En ruso, OKX.

son en sí mismos conocidos del lector, o que los comprende mediante una simple alusión, o incluso que no tienen ninguna importancia y que la finalidad del periódico supuestamente reside «a propósito» de tal o cual hecho (que el lector ignora o que no comprende), en relatar un amasijo de cosas edificantes de las que hace mucho tiempo que se está hasta la coronilla. Esto es lo que a menudo ocurre debido a que el autor del artículo o del suelto no siempre sabe de qué está hablando y, para ser sinceros, porque es demasiado perezoso para informarse, para leer, para tomar el teléfono y verificar sus informaciones. Elude entonces el elemento vital del tema y relata, «a propósito» de cualquier hecho, que la burguesía es la burguesía y que el proletariado es el proletariado. Queridos colegas periodistas: el lector os suplica no aleccionarlo, no sermonearlo, no apostrofarlo ni agredirlo, sino relatarle, exponerle y explicarle clara e inteligentemente lo que ha ocurrido, dónde y cómo. Ellos mismos extraerán las lecciones y las exhortaciones.

El escritor, particularmente el periodista, no debe partir de su punto de vista sino de la perspectiva del lector. He aquí una distinción muy importante que se refleja en la estructura de cada artículo en particular y en la estructura del periódico en su conjunto. En el primer caso el escritor (torpe y poco consciente de la importancia de su trabajo) presenta simplemente al lector su propia persona, sus propios puntos de vista, sus pensamientos y, muy a menudo, sus frases. En el otro, el escritor que encara su tarea con justeza, conduce al lector por sí solo a las conclusiones necesarias, utilizando para ello la experiencia cotidiana de las masas. Aclaremos esta idea mediante un ejemplo citado en el curso de la reunión de agitadores de Moscú. Como es sabido, este año una violenta epidemia de malaria asoló el país. Mientras que las viejas epidemias —tifus, cólera, etc.— han disminuido notoriamente durante estos últimos tiempos (alcanzando inclusive tasas inferiores a las de preguerra), la malaria se ha incrementado en proporciones inusitadas, y ataca ciudades, distritos, fábricas, etc. Sus apariciones súbitas, el flujo y reflujo, la periodicidad (la regularidad) de sus accesos determinan que la malaria no actúe solamente sobre la salud, sino también sobre la imaginación. Se habla de ella, se piensa en ella, y así ofrece un terreno propicio para las supersticiones tanto como para la propaganda científica. Pero nuestra prensa no se interesa aún lo suficiente en ella. Y sin embargo, cada artículo referido a la malaria, como lo señalaron los camaradas de Moscú, suscita el mayor interés: el número del diario pasa de mano en mano, el artículo se lee un voz alta. Resulta perfectamente evidente que nuestra prensa, sin limitarse a la propaganda sanitaria del comisariado de la salud pública, debe emprender un importante trabajo sobre este tema. Hay que empezar por describir el desarrollo mismo de la epidemia, precisar las regiones en donde se expande, enumerar las manufacturas y las fábricas que ataca más específicamente. Esto establecerá ya un vínculo viviente con las masas más atrasadas al mostrarles que se las conoce, que existe interés por ellas, que no se las olvida. A continuación es preciso explicar la malaria desde un punto de vista científico y social, mostrar mediante decenas de ejemplos que se desarrolla en condiciones de vida y de producción particulares, esclarecer realmente las medidas adoptadas por los organismos gubernamentales, brindar los consejos necesarios y repetirlos insistentemente de uno a otro número, etc. En este terreno se puede y se debe desarrollar la propaganda contra los prejuicios religiosos. Si las epidemias, como en general todas las enfermedades, representan un castigo por los pecados cometidos, entonces, ¿por qué la malaria abunda más en los lugares húmedos que en los secos? Una carta del desarrollo de la malaria, acompañada por las explicaciones prácticas necesarias, es un notable instrumento de propaganda antirreligiosa, y su impacto será tanto más importante en la medida en que el problema afecta al mismo tiempo y muy vivamente a amplios grupos de trabajadores.

Un periódico no tiene el derecho de desinteresarse por aquello que interesa a la masa, a la multitud obrera. Sin duda, cada periódico puede y tiene que brindar su interpretación de los hechos, ya que está destinado a educar, a incrementar, a elevar el nivel cultural; pero solamente logrará esta finalidad si se apoya en los hechos, en los pensamientos que interesan a la masa de los lectores.

Es indudable, por ejemplo, que los procesos y lo que se denomina la «crónica menuda» —infortunios, suicidios, crímenes, dramas pasionales, etc.— impactan enormemente a vastas capas de la población, y ello debido a una razón muy sencilla: son ejemplos notables de la vida que se lleva. No obstante, por regla general nuestra prensa les acuerda una escasa atención a dichos hechos, limitándose —en el mejor de los casos— a algunas líneas en pequeños caracteres. Conclusión: las masas extraen sus informaciones, a menudo mal interpretadas, de fuentes menos cualificadas. Un drama familiar, un suicidio, un crimen, una sentencia severa, impactan en la imaginación y seguirán haciéndolo.

El «proceso de Komarov» incluso eclipsó, durante cierto tiempo, al «affaire Curzon»,[1] escriben los camaradas Lagutín y Kasanski, de la manufactura de tabacos La Estrella Roja. Nuestra prensa debe manifestar el mayor interés por estos hechos diversos; tiene que exponerlos, comentarlos, aclararlos; debe ofrecer una explicación que considere simultáneamente la psicología, la situación social y el modo de vida. Decenas y centenares de artículos donde se repiten unos lugares comunes acerca del aburguesamiento de la burguesía y de la estupidez de los pequeñoburgueses no dejarán más huellas en el lector que una inoportuna llovizna de otoño. Pero el proceso de un drama familiar, bien relatado y seguido a lo largo de una serie de artículos, puede interesar a millares de lectores y despertarles nuevos sentimientos y pensamientos, revelarles un horizonte más amplio. Luego de lo cual posiblemente algunos lectores solicitarán un artículo general sobre el tema de la familia. La prensa burguesa sensacionalista extrae un enorme provecho de los crímenes, de los envenenamientos, especulando sobre la curiosidad malsana y sobre los más viles instintos del hombre. Pero de ello no se concluye de ninguna manera que debamos apartar simplemente la vista de la curiosidad y de los instintos de los hombres en general. Esto sería la hipocresía y la tartufería más puras. Somos el partido de las masas, constituimos un Estado revolucionario y no una orden espiritual ni un monasterio. Nuestros periódicos deben

---

1 Se trata de las intrigas antisoviéticas del diplomático inglés G. N. Curzon (1859-1925), que fue uno de los organizadores de la intervención contra la URSS: en 1919, envió una nota al gobierno soviético ordenándole cesar el avance de las tropas del Ejército Rojo, conforme con una línea llamada «la línea Curzon». En 1923, envió un ultimátum provocador al gobierno soviético, amenazándolo con una nueva intervención.

satisfacer no solo la curiosidad más noble, sino también la curiosidad natural; basta con que eleven y mejoren el nivel presentando y aclarando los hechos adecuadamente. Los artículos y los sueltos de este tipo tienen siempre y en todas partes un gran éxito, pero casi nunca se los lee en la prensa soviética. Se dirá que se carece para este tema de los especialistas literarios necesarios, cosa que solo en parte es verdad. Cuando un problema se plantea clara y juiciosamente, siempre se encuentran hombres capaces de resolverlo. Ante todo es menester operar una seria reorientación de la atención. ¿En qué dirección? En la del lector, del lector vivo, tal como es, del lector masivo, despertado por la revolución pero aún poco letrado, ávido de conocimiento pero completamente desprovisto y que sigue siendo un hombre a quien nada de lo humano le es extraño. El lector tiene necesidad de que se le manifieste interés, aunque no siempre sepa expresar ese deseo. Pero los veinticinco agitadores y propagandistas de Moscú han sabido realmente hablar por él.

No todos nuestros jóvenes escritores propagandistas saben escribir de modo que se les entienda, y posiblemente ello se deba a que no han debido abrirse un camino a través de la dura corteza del oscurantismo y de la ignorancia. Ellos se han abocado a la literatura agitativa en una época en la cual, en capas bastante amplias de la población, un conjunto de ideas, de términos y de giros ya habían circulado desde hacía mucho tiempo. Un peligro amenaza al partido: aislarse de las masas sin partido, como producto del hermetismo del contenido y de la forma de la propaganda, de la creación de una jerga partidaria inaccesible no solo a las nueve décimas partes de los campesinos, sino también de los obreros. Pero la vida no se detiene un solo instante, y las generaciones se suceden. Hoy el destino de la república soviética es asumido en gran parte por quienes, en el momento de la guerra imperialista y de las revoluciones de marzo y de octubre, tenían quince, dieciséis, diecisiete años. Este «empujón» de la juventud que toma nuestro relevo se hará sentir cada vez más.

No es posible dirigirse a esta juventud con las fórmulas hechas, las frases, los giros, las palabras que tienen un sentido para nosotros, los viejos, puesto que ellos derivan de nuestra experiencia anterior, pero para ella carecen de contenido. Hay que aprender a hablar su lenguaje, o sea, el lenguaje de su experiencia.

La lucha contra el zarismo, la revolución de 1905, la guerra imperialista y las dos revoluciones de 1917 son para nosotros experiencias vividas, remembranzas, hechos relevantes de nuestra propia actividad. Hablamos de ellos mediante alusiones, nos acordamos de ellos y completamos mentalmente lo que no expresamos. Pero, ¿y la juventud? Ella no entiende esas alusiones porque no conoce los hechos, no los ha vivido, y no puede conocerlos ni por los libros ni a través de relatos objetivos porque éstos no existen. Allí donde una alusión es suficiente para la vieja generación, la juventud requiere un manual. Es hora de editar una serie de manuales y de obras de educación política revolucionaria para uso de la juventud.

III. LA ATENCIÓN DEBE DIRIGIRSE A LOS DETALLES[1]

Debemos levantar nuestra economía destruida. Es preciso construir, reparar, reacomodar. Edificamos la economía sobre nuevas bases que deben garantizar el bienestar de todos los trabajadores. Pero la producción, en su esencia, se resume en la lucha del hombre contra las fuerzas hostiles de la naturaleza, en la utilización racional de las riquezas naturales. La política, los decretos, las consignas solo pueden regularizar la actividad económica imprimiéndole una dirección general. Pero únicamente la producción de bienes materiales, un trabajo sistemático, obstinado, pertinaz, pueden satisfacer realmente las necesidades del hombre. El proceso económico se compone de trozos y elementos diversos, de detalles, de naderías. Y no es posible volver a levantar a una economía más que prestando una enorme atención a esos detalles. Pero, entre nosotros, dicho interés resulta nulo o casi nulo. La tarea principal de la educación y de la autoeducación en el dominio de la economía reside en despertar, desarrollar y reforzar esta atención ante exigencias particulares, insignificantes y cotidianas de la economía; es preciso no descuidar nada, observarlo todo, actuar el tiempo deseado y exigir que los demás hagan otro tanto. Esta tarea se nos

---

1 Este capítulo fue escrito hace dos años (*Pravda*, 1 de octubre de 1921). En la actualidad, en el ejército se presta una atención infinitamente mayor que entonces al mantenimiento de las bayonetas y del calzado. Pero en general la consigna «La atención debe dirigirse a los detalles» conserva, aún hoy, toda su validez. (LT)

impone en todos los dominios de la vida política y de la construcción económica.

Vestir y calzar al ejército, en el actual estado de la producción, no es un asunto fácil. El aprovisionamiento a menudo es sumamente irregular. Además, en el ejército existe muy poco cuidado por reparar o mantener en buen estado el calzado y la vestimenta de que se dispone; casi nunca se engrasan los zapatos. Y cuando se pregunta por qué, se reciben las respuestas más diversas: a veces es porque se carece de pomada, otras porque no ha sido asignada a tiempo, o bien porque se tienen botas marrones en tanto que el betún es negro, etc. Pero la razón principal reside en que ni los soldados ni los cuadros del Ejército Rojo se ocupan de sus asuntos. Unas botas sin betún, sobre todo si están mojadas, se secan y serán inservibles al cabo de algunas semanas. Y como el aprovisionamiento no es suficiente, se empieza a producir de cualquier manera. Entonces las botas se consumen más rápidamente, y estamos dentro de un círculo vicioso. Sin embargo, hay un medio para salir del mismo, y un medio sumamente simple: es necesario que las botas sean engrasadas a tiempo, que sus cordones se aten con cuidado porque si no aquellas pierden su firmeza y se deforman. Estropeamos buenos calzados americanos únicamente porque no tenemos cordones. Se pueden conseguir si se insiste un poco; y si no hay cordones es precisamente porque no se presta atención a los detalles de la vida cotidiana. Pero esas nimiedades son las que terminan por constituir un todo.

Ocurre lo mismo, y peor aún, con las bayonetas. Es difícil fabricarlas, pero fácil estropearlas. Hay que cuidar la bayoneta: limpiarla y engrasarla, cosa que demanda una atención, sostenida y permanente y que requiere todo un aprendizaje, toda una educación.

Estas naderías que se acumulan y que se combinan terminan por conseguir, o bien por destruir, algo importante. Las pequeñas averías de la calzada que no se reparan a tiempo se agrandan y forman baches y carriles que tornan difícil la circulación, dañan las carretas, los automóviles y los camiones, estropean los neumáticos. Una calle en mal estado implica gastos de dinero y de esfuerzos diez veces más importantes de los que hubiesen sido necesarios para su reparación. Y es igualmente por pequeñeces de este tipo por lo que se deterioran las máquinas, las fábricas, los inmuebles. Para mantenerlos en buen estado hay que dirigir una atención cotidiana y permanente a los detalles. Carecemos de esta atención porque la educación económica y cultural es insuficiente.

Resulta frecuente que se confunda el interés por los detalles con el burocratismo, y esto es un grave error. El burocratismo consiste en prestar atención a una forma vacía en detrimento del contenido, de la acción. El burocratismo se atasca en el formalismo, sin resolver ningún detalle práctico. Por el contrario, el burocratismo elude en general los detalles prácticos que constituyen el conjunto de un problema, contentándose únicamente con reunir los dos extremos de su papeleo.

Pedir que no se escupa o que no se arrojen colillas en las escaleras ni en los pasillos es una «nadería», una exigencia mínima, y que no obstante posee una significación educativa y económica enorme. El que escupe despreocupadamente en una escalera o sobre un parqué es un inútil y un irresponsable, y no es a él a quien hay que aguardar para restablecer la economía. Él no le pondrá betún a sus botas, romperá un vidrio inadvertidamente, tendrá piojos....

Algunos hallarán, lo repito, que una atención obstinada en este tipo de detalles pertenece a la trapacería y al «burocratismo». Pero muy a menudo los inútiles y los irresponsables ocultan su naturaleza luchando pretendidamente contra el burocratismo. «¡Cuántas historias por una colilla arrojada en la escalera!», dicen. He aquí una verdadera necedad; ya que arrojar colillas en el piso implica despreciar el trabajo de los otros, y quien no respeta el trabajo de los demás es igualmente negligente hacia el suyo mismo. Y para que los hogares comunes puedan funcionar es preciso que cada inquilino, hombre o mujer, presten atención para que la limpieza y el orden reinen en toda la casa. De otro modo, volvemos a encontrarnos, y a menudo es lo que ocurre, en unos agujeros piojosos, llenos de escupitajos, y de ninguna manera en hogares comunes. Es necesario combatir incansable y despiadadamente esta desidia, esta falta de educación, esta negligencia, combatir explicando, dando ejemplo, haciendo propaganda, exhortando a la gente e induciéndola a ser responsable. El que sube una escalera manchada sin decir nada, o quien atraviesa un patio sucio, es un mal ciudadano y un constructor sin conciencia.

El ejército concentra tanto los aspectos positivos como los negativos de la vida popular, y esto se verifica por completo en lo que respecta a la educación económica. El ejército debe, a cualquier precio, elevarse en este terreno al menos hacia un grado superior. Este nivel puede alcanzarse gracias a los esfuerzos conjugados de los cuadros dirigentes del mismo ejército, tanto de la cúspide como de la base de la escala, en correlación con los mejores elementos de la clase obrera y del campesinado en su conjunto.

En la época en que el aparato gubernamental soviético estaba en formación, el ejército estaba penetrado por un espíritu partisano, cuyos métodos aplicaba. Nosotros libramos una lucha pertinaz y despiadada contra dicha mentalidad, lo que sin dudas ha producido importantes resultados: no solo se creó un aparato directivo y administrativo centralizado, sino que —lo que es aún más esencial— este mismo espíritu partisano ha sido profundamente cuestionado en la conciencia de los trabajadores.

En la actualidad debemos llevar a efecto una lucha igualmente importante: tenemos que combatir todas las formas de indolencia, de negligencia, de indiferencia, de suciedad, de impuntualidad, de abandono, de despilfarro. He aquí los grados y los diversos matices de una misma enfermedad: por un lado, una atención insuficiente y, por el otro, una desfachatez de mala ley. Es imprescindible desarrollar en este aspecto una acción de envergadura, un combate cotidiano, obstinado y sin descanso, en el que se pongan en juego —como cuando debimos aniquilar la mentalidad partidista— la agitación, el ejemplo, la exhortación y el castigo.

El plan más grandioso pero que no tiene en cuenta los detalles no es más que pura frivolidad. ¿De qué servirá, por ejemplo, el mejor decreto si, por negligencia, no llega a tiempo a su destino, o bien si se copia con errores, o incluso si se lee sin atención? Lo que es justo en el nivel inferior también lo será en el superior.

Somos pobres pero dispendiosos. Ignoramos la puntualidad. Somos negligentes. Somos desaliñados. Estas taras hunden sus raíces en un pasado servil del que solo podemos deshacernos progresivamente gracias a una propaganda obstinada, merced al ejemplo, a la demostración, a un control minucioso, a una vigilancia y a una exigencia permanente.

¡Para realizar proyectos grandiosos hay que prestar una gran atención a los más pequeños detalles! Esta consigna debe agrupar a todos los ciudadanos conscientes del país y que emprenden un nuevo período de construcción y de desarrollo cultural.

IV. PARA RECONSTRUIR EL MODO DE VIDA ES PRECISO CONOCERLO

Es en la vida diaria donde se percibe mejor hasta qué punto el individuo es el producto y no el creador de sus condiciones de vida. La vida, es decir, las condiciones y los modos de vida, se crean, mucho más aún que la economía, «a espaldas de los hombres» (la expresión es de Marx). En el plano de la vida diaria, la creación consciente ocupa un lugar insignificante en la historia de la humanidad. La vida diaria resulta de la acumulación de las experiencias espontáneas de los hombres, cambiando con igual espontaneidad, bajo el efecto de la técnica o de los golpes ocasionales asestados por la lucha revolucionaria, reflejando, en resumidas cuentas, mucho más el pasado de la sociedad humana que su presente.

Nuestro proletariado no es antiguo, no es un proletariado hereditario; surgió, en el curso de las últimas décadas, del seno del campesinado y, en parte solamente, de la pequeña burguesía. El modo de vida de nuestros proletarios refleja perfectamente este origen social. Basta con recordar el cuadro de costumbres esbozado por Gleb Uspenski[1] en su *Los de la calle Rasteriaev*. ¿Qué es lo que caracteriza a los habitantes de la calle Rasteriaev, es decir, a los obreros de Tula de fines del siglo pasado? Son pequeñoburgueses y campesinos que, en su mayor parte, han perdido toda esperanza de libertad; es una mezcla de

---

1 Gleb Uspenski (1843-1902): escritor realista ligado a la «escuela natural», cuyas obras ofrecen completo panorama de la vida del «pequeño» pueblo (pequeños funcionarios, campesinos, obreros). *Los de la calle Rasteriaev*, es su primera obra importante.

pequeña burguesía inculta y de elementos venidos a menos. Desde entonces, el proletariado ha dado un salto considerable, mucho más notable, sin embargo, en política que en el campo de las costumbres y tradiciones. Su modo de vida es terriblemente conservador. Es verdad que la calle Rasteriaev ya no existe en su forma primitiva. La manera bestial de tratar a los aprendices, el servilismo hacia los patronos, la borrachera insensata, el bandidaje al ritmo de un impúdico acordeón, todo eso ha dejado de existir. Pero en las relaciones entre hombre y mujer, entre padres e hijos, en la economía familiar, apartado de todo el mundo, la «mentalidad Rasteriaev» está aún fuertemente arraigada. Serán necesarias decenas de años de desarrollo económico y de auge cultural antes de poder expulsar la «mentalidad Rasteriaev» de su último reducto, la vida privada y familiar, y transformarla de pies a cabeza en un sentido colectivista.

En la susodicha sesión de los propagandistas de Moscú, la cuestión de la vida familiar fue objeto de discusiones particularmente vivas. En este sentido, todos llevaban un peso en el corazón. Se acumulaban impresiones, observaciones y, sobre todo, preguntas… pero ninguna respuesta; y, para colmo, esas mismas preguntas no hallaban eco alguno en la prensa ni en las asambleas. Sin embargo, qué inmenso campo de investigación, de reflexión y acción ofrece el modo de vida de los agitadores obreros, el modo de vida comunista y el punto de unión, el modo de vida comunista y el de las vastas masas obreras.

En este sentido, nuestra literatura no nos ayuda en nada. Por su propia naturaleza, el arte es conservador, va a la zaga de la vida, es poco apto para captar los fenómenos al vuelo, en el impulso mismo de su proceso de formación. *La semana*, de Libedinski,[1] ha provocado en algunos camaradas un entusiasmo que me parece, lo confieso, exagerado y peligroso para ese joven autor. Desde el punto de vista formal, *La semana* da la impresión de un trabajo escolar a pesar del talento que denota, y solo a base de trabajo constante, tenaz y exigente consigo mismo, Libedinski alcanzará la maestría, que es, por otra parte, lo que yo espero. Pero por el momento la cuestión no es esa. La grandeza, la importancia de *La semana* no provienen de su perfección artística, sino del trozo de vida «comunista» evocado por la obra. Y precisamente desde ese ángulo, el relato no va lejos. La descripción del «comité de gobierno» es demasiado artificial y carece de raíces orgánicas. He ahí por qué toda *La semana* tiene un aspecto episódico, al igual que los relatos sobre la vida de los emigrados de la revolución. La «vida» del comité de gobierno es evidentemente interesante e instructiva, pero cuando la organización comunista viene a engranarse —como una rueda dentada— en la vida diaria del pueblo, vemos surgir entonces la dificultad y la importancia de la obra. Ahí haría falta un gran impulso. Actualmente, el partido comunista es la palanca que preside todo progreso consciente. Por lo que su punto de contacto con las masas populares es el punto esencial de la acción histórica, de las acciones y reacciones recíprocas.

Con respecto a nuestra vida diaria real, la teoría comunista se anticipa en varias décadas, y, en algunos campos, en varios siglos. Precisamente por eso

---

1 Iuri Nicolaievich Libedinski (1898-1959) es uno de los primeros representantes de la joven prosa soviética. Participó en la guerra civil, de la que dejó una romántica descripción en su primera novela, *La semana*.

el partido comunista es lo que es: un factor revolucionario de primer orden. Gracias a su realismo, a su dinamismo dialéctico, la teoría comunista elabora métodos políticos capaces de asegurar su eficacia en cualquier circunstancia. Pero una cosa es la idea política y otra la vida diaria. La política es móvil, la vida diaria es estable y recalcitrante. Esto es lo que provoca tantos conflictos en los medios obreros, donde la toma de conciencia choca con la tradición; conflictos tanto más agudos en cuanto no aparecen públicamente. La literatura no nos refleja más que la prensa. Esta guarda silencio sobre tales cuestiones. En cuanto a las nuevas escuelas literarias que tratan de ponerse al nivel de la revolución, para ellas la vida diaria no existe. Quieren reconstruir la vida, no contarla tal cual es. Pero la vida no se inventa, se la puede construir a partir de elementos existentes, susceptibles de desarrollarse. Es por lo que, antes de construir, hay que conocer lo que existe; no solamente cuando se trata de influir en la vida diaria sino en general, en cualquier actividad consciente del hombre. Hay que saber lo que existe y en qué sentido se opera el cambio de lo que existe, con el fin de poder contribuir a la edificación de la vida. Mostradnos —y sobre todo sabed mirar vosotros mismos— lo que pasa en la fábrica, en los medios obreros, en la cooperativa, en el círculo, en la escuela, en la calle, en la taberna; aprended a comprender lo que allí sucede, es decir, la actitud que conviene observar hacia los fragmentos del pasado y los gérmenes del porvenir. Este llamamiento se dirige tanto a los hombres de letras como a los publicistas, a los corresponsales obreros como a los reporteros. Mostradnos la vida tal como sale de la fragua de la revolución.

Sin embargo, es de prever que los llamamientos, por sí mismos, no cambiarán nada en el esfuerzo de atención de nuestros escritores. Lo que hace falta es una puesta en marcha, una dirección eficaz. El estudio y la ilustración de la vida obrera deben convertirse en la tarea inmediata de los periodistas, por lo menos de los que saben hacer uso de sus ojos y de sus oídos; hay que orientarlos hacia ese trabajo por medio de la organización, instruirlos, corregirlos, mostrarles el camino de modo que se les enseñe a evocar la vida y las costumbres revolucionarias. Simultáneamente, hay que ensanchar el horizonte de los corresponsales obreros. De hecho, la mayor parte de ellos podría ofrecer crónicas mucho más interesantes y sustanciales que las que hacen. Pero para ello es preciso reflexionar sobre las cuestiones y formularlas, plantear correctamente los objetivos; hay que saber suscitar conversaciones y animarlas.

Para elevarse a un nivel cultural superior, la clase obrera, y principalmente su vanguardia, debe ser conducida a meditar sobre su propia vida. Pero para hacerla meditar hay que conocerla. La burguesía, esencialmente representada por sus propios intelectuales, realizó ampliamente esta tarea desde su llegada al poder: ya era una clase poseedora cuando se encontraba en la oposición; artistas, publicistas, poetas, la han servido, la han ayudado a pensar y han pensado por ella.

En Francia, en el siglo XVIII, llamado de las Luces, los filósofos burgueses se inclinaron sobre los diferentes aspectos de la vida social y personal, con el fin de racionalizarla, es decir, subordinarla a las exigencias de «la razón». No solo las cuestiones relativas al orden político y a la Iglesia, sino también los problemas de las relaciones entre los sexos y de la educación de los niños eran objeto de sus investigaciones. Es evidente que el solo hecho de estudiar y de plantear esos problemas contribuyó indiscutiblemente a elevar el nivel de cultura de la personalidad, desde luego burguesa, y sobre todo intelectual. Todos los esfuerzos de la Filosofía de las Luces tendentes a racionalizar las relaciones sociales y personales, es decir, a trasformarlas de acuerdo con las leyes de la razón, chocaron con el hecho de la propiedad privada de los medios de producción, que seguía siendo la piedra angular de la nueva sociedad, basada en la razón. La propiedad privada era el mercado, el juego ciego de las fuerzas económicas, las que, por cierto, no obedecen a la razón. Las condiciones económicas del mercado han modelado una vida igualmente impregnada de los caracteres del mercado. Bajo el reino del mercado, la organización racional de la vida de las masas populares no era ni siquiera concebible. Debido a esto, las construcciones racionalistas elaboradas por los filósofos del siglo XVIII, a pesar de su espíritu tan penetrante y audaz, alcanzaron tan pocas realizaciones concretas.

En Alemania, el período de la *Aufklärung* (de las luces), aparece en la primera mitad del siglo pasado. El movimiento, encabezado por La Joven Alemania, es animado por Heine y Börne. De hecho, solo se trataba en ese momento de una actitud crítica por parte del ala izquierda de la burguesía, especialmente de su intelectualidad, en guerra contra la esclavitud, el servilismo, el espíritu mezquino, la estupidez y los prejuicios pequeñoburgueses y que aspiraba — con mucho más escepticismo que el mostrado por los precursores franceses— a instaurar el reino de la razón. Ese movimiento desembocaría más tarde en la revolución de 1848, que, lejos de trasformar radicalmente la vida humana, no supo ni siquiera deshacerse de las innumerables dinastías alemanas.

En nuestra atrasada Rusia, no fue sino en la segunda mitad del siglo XIX cuando el movimiento de la *Aufklärung* llegó a generalizarse en cierta medida. Chernichevski, Pissarev, Dobroliubov, salidos de la escuela de Belinski, no criticaban tanto las condiciones económicas como las ineptitudes, las costumbres reaccionarias, asiáticas, oponiendo al tipo de hombre tradicional el hombre nuevo, el «realista» al «utilitario», que trata de vivir según las leyes de la razón para convertirse en una «personalidad dotada de pensamiento crítico». Ese movimiento desembocó en el populismo (*narodniki*), que fue un racionalismo ruso tardío. Los racionalistas franceses del siglo XVIII fueron poco más o menos incapaces de transformar la vida y las costumbres, ya que estas no proceden de la filosofía sino del mercado; la influencia cultural directa de los *Aufklärer* alemanes fue aún menos sensible, y la de la intelectualidad rusa sobre la vida y las costumbres de pueblo en general, totalmente insignificante. En última instancia, la importancia histórica de la *Aufklärung* rusa, incluyendo al populismo, consiste en que estuvo en la base de la creación del partido proletario revolucionario.

Solo a raíz de la toma del poder por la clase obrera se sentaron las bases de una verdadera y radical transformación del modo de vida. No se puede racionalizar el modo de vida, es decir, transformarlo según las exigencias de la razón, si no se racionaliza la producción, pues el modo de vida tiene sus raíces en la economía. La burguesía, al menos sus corrientes más progresistas, se limitaba a racionalizar por una parte la técnica (por medio de las ciencias naturales, de la tecnología, de la química, de las invenciones y mecanizaciones), y por otra parte la política (gracias al parlamentarismo), pero no la economía, donde persistía el juego de la competición ciega. He allí por qué las fuerzas inconscientes y ciegas seguían gobernando a la sociedad burguesa. La clase obrera, después de haber conquistado el poder, somete las bases económicas de las relaciones humanas a un control y a una dirección conscientes. Es la única vía hacia una transformación racional del modo de vida.

Eso es lo que nos conduce igualmente a comprobar que nuestros éxitos en lo referente al modo de vida dependen directamente de nuestros éxitos en materia económica. No cabe la más ligera duda de que, aun al nivel de nuestra economía actual, podríamos conceder un lugar mucho más importante a la crítica, a la iniciativa y a la razón. Esa es precisamente una de las tareas de la época. Resulta más evidente aún que la transformación radical del modo de vida (la emancipación de la mujer de la esclavitud doméstica, la educación pública de los niños, la abolición de la sujeción económica que pesa sobre el matrimonio, etc.), no avanzará sino a la par de la acumulación social y del predominio creciente de las fuerzas económicas socialistas sobre las del capitalismo. Sin embargo, el análisis crítico del modo de vida es ahora la condición indispensable para que este modo de vida, conservador debido a sus tradiciones milenarias, no quede a la zaga de las posibilidades de progreso que nuestros recursos económicos nos ofrecen desde hoy y en los tiempos futuros. Por otra parte, los más mínimos éxitos en el plano de la vida diaria corresponden, por definición,

a un alza del nivel de cultura del obrero y de la obrera, que acrecentarán enseguida las posibilidades de
racionalización de la industria y, por consiguiente,
las de una aceleración de la acumulación socialista.
Esta, a su vez, abrirá el camino a nuevas conquistas
en el campo de la colectivización del modo de vida.
Se trata de una interdependencia dialéctica: el factor
histórico capital es la economía; pero nosotros, el
partido comunista, el estado obrero, no podemos actuar sobre ella sino a través de la clase obrera, esfor-
zándonos por elevar continuamente el nivel de calificación técnica y cultural de los que la componen.
En el Estado obrero el trabajo cultural se efectúa en
beneficio del socialismo, y el socialismo equivale a
una poderosa expansión de la cultura, de una cultura
auténtica, humana, de una cultura del hombre liberado de las relaciones de clase.

V. EL ALCOHOL, LA IGLESIA Y EL CINE

La jornada de ocho horas y la prohibición del alcohol constituyen dos elementos importantes que han dado una nueva orientación a la vida obrera. El monopolio estatal sobre la venta de bebidas alcohólicas fue abolido, debido a la guerra, antes de la revolución. La guerra exigía medios tan gigantescos que el zarismo consideraba los ingresos procedentes de las bebidas alcohólicas como una suma deleznable a la que se podía renunciar: mil millones más o menos no contaban gran cosa. La revolución asumió a su vez esa abolición del monopolio estatal; se trataba de una herencia, de un hecho consumado que adoptó por razones de principio que le pertenecían legítimamente. Solo después de la conquista del poder por la clase obrera, convertida en artífice consciente de una nueva economía, la lucha del Estado contra el alcoholismo —tanto mediante la prohibición como por la propaganda— adquirió importancia histórica. Desde este ángulo, la abolición del «presupuesto de la borrachera» con motivo de la guerra, circunstancia contingente, no cambia nada absolutamente el hecho fundamental de que la liquidación de la empresa de degradación del pueblo a través de francachelas hay que acreditársela a la revolución. Extender, consolidar, organizar y culminar el régimen antialcohólico en el país de la renovación del trabajo, he ahí nuestra tarea. Nuestros éxitos, tanto económicos como culturales, serán proporcionales a la disminución del porcentaje de alcohol en las bebidas. No es posible hacer concesión alguna en esta materia.

En lo que respecta a la jornada de ocho horas, esta es ya una adquisición directa de la revolución, y una de las más importantes. La jornada de ocho horas aporta, de por sí, un cambio radical en la vida del trabajador, liberando de trabajo en la fábrica los dos tercios de la jornada. Es la base de un cambio fundamental en lo referente a la vida obrera, al desarrollo cultural, a la educación, etc., pero no se trata sino de un punto de partida. Cuanto más conscientemente se utilice el tiempo de trabajo, en mayor medida quedará la vida del obrero organizada de forma completa e inteligente. La importancia del cambio de octubre, ya lo hemos dicho, consiste precisamente en que los éxitos económicos de cada obrero suponen automáticamente un alza del nivel material y cultural de la clase obrera en su conjunto. «Ocho horas de trabajo, ocho horas de sueño, ocho horas de tiempo libre»; así reza la vieja divisa del movimiento obrero. En nuestras condiciones, cobra un sentido novísimo: mientras más productivas sean las ocho horas de trabajo, mientras más se realicen las ocho horas de sueño en buenas condiciones de limpieza y de higiene, más sustancial y de un nivel cultural más elevado serán las ocho horas de tiempo libre.

Por consiguiente, la cuestión de las distracciones reviste una enorme importancia en lo tocante a la cultura y la educación. El carácter del niño se manifiesta por el juego. El carácter del adulto se expresa con mayor fuerza a través del juego y las distracciones. Los juegos y las distracciones pueden también contribuir ampliamente a la formación del carácter de toda una clase cuando esta clase es joven y marcha hacia adelante, como lo hace el proletariado. Fourier, el gran utopista francés, erigió sus falansterios utilizando y combinando racionalmente los instintos y las pasiones humanas con el fin de contrarrestar el ascetismo cristiano y su represión de la naturaleza humana. Es una idea profunda. El Estado obrero no es ni una orden religiosa ni un monasterio. Tomamos a los hombres tal como los ha creado la naturaleza y como la antigua sociedad los ha educado en parte, y en parte estropeado. En el seno de ese material humano vivo, buscamos donde asentar las palancas del partido y del estado revolucionario. El deseo de divertirse, de distraerse, contemplar espectáculos y reír, es un deseo legítimo de la naturaleza humana. Podemos y debemos conceder a esa necesidad satisfacciones artísticas cada vez mayores, sirviéndonos al mismo tiempo de esa satisfacción como medio de educación colectiva, sin ejercer tutela pedagógica o constreñimiento para imponer la verdad.

En este campo, el instrumento más importante, el que supera de lejos a todos los demás es, sin duda, el cine. Esta invención desconcertante en materia de espectáculos ha entrado en la vida de los hombres con una rapidez fulminante. En las ciudades capitalistas el cine forma parte de la vida corriente, en la misma medida que el baño público, la taberna, la iglesia y otras instituciones más o menos útiles y re-comendables. La pasión del cine se basa en el deseo de distraerse, de ver algo nuevo, inédito, de reír y hasta de llorar no sobre la propia suerte sino sobre la de otro. El cine ofrece una satisfacción óptica total-mente viva e inmediata a todas esas necesidades sin exigir nada del espectador, ni siquiera la capacidad de leer. De ahí la afición y la gratitud del espectador hacia el cine, fuente inagotable de impresiones y de sensaciones. He ahí el punto, no solamente el punto, sino la vasta superficie donde pueden comenzarse los esfuerzos en vista a la educación socialista.

El hecho de que hasta ahora, después de cerca de seis años, no hayamos echado mano del cine, prueba hasta qué punto somos torpes, incultos, por no decir estúpidos. El cine es un instrumento que se impone por sí mismo: el mejor instrumento de propaganda —propaganda técnica, cultural aplicable a la producción, a la lucha antialcohólica, al campo sanitario, político, en dos palabras, es un instrumento de propaganda fácilmente asimilable, atractivo, que se graba en la memoria— y, eventualmente, es también un negocio lucrativo.

Por el solo hecho de ser atractivo y entretenido, el cine le hace la competencia a la taberna. No sé si actualmente hay en París o en Nueva York más bares que cines ni qué categoría de esas empresas reporta más. Es evidente que el aspecto en el cual el cine compite particularmente con la taberna es en el de saber cómo y con qué ocupar las ocho horas de tiempo libre. ¿Es posible apoderarse de este incomparable instrumento? ¿Por qué no? El régimen de los zares creó en algunos años una inmensa red de tiendas de venta de alcohol que dependían del Estado. Grosso modo, estas le reportaron un ingreso anual de mil millones de rublos oro. ¿Por qué el Estado obrero no puede crear una red de cines estatales capaz de introducir cada vez más profundamente la distracción y la educación en la vida popular? Sería no solamente un buen negocio, sino un excelente contrapeso al atractivo del alcohol. ¿Es esto factible? ¿Por qué no? Evidentemente no es nada fácil. En todo caso, sería normal y correspondería mejor a la naturaleza, a las fuerzas de organización y a las capacidades del

Estado obrero que, digamos, el restablecimiento...
del circuito del alcohol.[1]

El cine le hace la competencia no solo a la taberna, sino también a la Iglesia. Y esta competencia
puede serle fatal a esta si hacemos culminar la sepa-
ración entre la Iglesia y el Estado mediante la unión
del Estado socialista con el cine.

La piedad no existe casi en los obreros rusos. De
hecho, nunca existió. La Iglesia ortodoxa era un
conjunto de ritos y una organización oficial. No
consiguió penetrar profundamente en la conciencia
de las masas populares ni introducir sus dogmas y
cánones en su vida íntima, siempre por la misma
razón: la ausencia de cultura en el seno de la vieja
Rusia, especialmente en la Iglesia. Por esto el obrero
ruso, al acceder a la cultura, rompe tan fácilmente
sus amarras puramente externas con la Iglesia. Es
verdad que para el campesino la ruptura es más difícil, no porque las enseñanzas de la religión tengan
mayor influencia sobre él —no se trata de eso—
sino porque su vida indolente y monótona está estrechamente ligada al ritual indolente y monótono
de la Iglesia.

En el obrero —hablamos del obrero sin partido,
en bloque— la influencia de la Iglesia responde, la
mayor parte de las veces, a la costumbre, sobre todo

---

1 Estas líneas ya estaban escritas cuando encontré en el último número de
Pravda, que tengo en mis manos (de fecha 30 de junio), el siguiente extrac-
to de un artículo enviado a la redacción por el camarada I. Gordeiev: «La
industria del cine es un negocio comercial extraordinariamente ventajoso,
que reporta grandes beneficios. Utilizándolo en forma hábil, racional y
adecuada, el monopolio del cine podría jugar un papel en el saneamiento
de nuestras finanzas comparable al que desempeñaba el monopolio del
alcohol en las finanzas del Estado zarista». El camarada Gordeiev da a continuación indicaciones prácticas sobre la manera de «cinematizar» la vida
soviética. Se trata, efectivamente, de una cuestión que hay que estudiar a
fondo y seriamente.

en la mujer. Las santas imágenes penden de la pared y allí quedan porque allí están. Adornan la pared; sin ellas el cuarto estaría vacío y frío. El obrero no compra nuevas imágenes, pero no desea deshacerse de las antiguas. ¿Cómo reconocer la fiesta de la Pascua sin el *kulich* y la *pasja*?[1] Pero *kulich* y *pasja* deben ser bendecidos según la costumbre, de otro modo les faltaría algo. No es en absoluto por piedad por lo que va a la iglesia, pero la iglesia es luminosa y bella; hay mucha gente y se escuchan cantos; he ahí bastantes cosas agradables que no se encuentran ni en la fábrica ni en la familia ni en el vaivén cotidiano de la calle. La fe es casi inexistente. En todo caso, no hay respeto alguno para la jerarquía eclesiástica, ninguna creencia en el poder mágico de las ceremonias. Pero falta igualmente la voluntad activa de romper con todo eso. El elemento de distracción, de entretenimiento, de pasatiempo, desempeña un papel enorme en la ceremonia religiosa. A través de la escenificación, la iglesia actúa sobre los sentidos: la vista, el oído, el olfato (el incienso), sobre la imaginación. La afición de los hombres al teatro —ver y oír algo nuevo, brillante, que los saque de lo ordinario— es muy fuerte, indestructible e insaciable desde la infancia hasta una edad avanzada. Para que las amplias masas renuncien al formalismo, al ritual de la vida diaria, no basta la propaganda antirreligiosa. Esta, evidentemente, es indispensable. Su resultado práctico inmediato se aplica a una minoría intelectualmente valiente.

Si la multitud permanece inaccesible a la propaganda antirreligiosa, no es porque la religión conserve su dominio sobre ella, es porque no existe un

---

1 Pasteles tradicionales consumidos durante la Pascua.

nexo moral, sino solo una relación informe, persis-
tente, maquinal, sin vínculos con la conciencia: el
del curioso que no se niega a participar ocasionalmente en una procesión o en un servicio solemne,
a escuchar los cantos religiosos y a hacer apresura-
damente la señal de la cruz. Esta ceremonia maquinal, que pesa sobre la conciencia, no es superable
por la sola crítica, hay que remplazarla por nuevas
formas de vida, nuevas distracciones, nuevos espectáculos que eleven el nivel de cultura. Al llegar aquí,
nuestro pensamiento se detiene naturalmente en
ese instrumento teatral por excelencia —por ser el
más democrático—, el cine. El cine, que prescinde
de una jerarquía con vastas ramificaciones, de sedas
recamadas, etc., desplegando en la pantalla medios
escénicos mucho más cautivantes que los de la iglesia, mezquitas o sinagogas, cuya experiencia en materia teatral es sin embargo milenaria. En la iglesia,
se asiste siempre a una sola «acción», la misma cada
año, mientras que en el cine, que se encuentra justo
al lado o enfrente, se pueden ver, en los mismos días
y a las mismas horas, tanto fiestas paganas como pascuas judías o cristianas, en sus relaciones históricas,
imitando sus ceremonias. El cine divierte, instruye,
sorprende la imaginación con imágenes y quita las
ganas de ir a la iglesia. El cine es un gran competi-
dor no solo de la taberna sino también de la iglesia.
Es el instrumento del que tenemos que apoderarnos
a toda costa.

VI. DE LA VIEJA A LA NUEVA FAMILIA

Por su naturaleza, las relaciones internas y los acontecimientos en el seno de la familia, en cuanto objetos de investigación, presentan las mayores dificultades; resultan poco adecuados para todo tipo de estadísticas. Por ello no es fácil decir en qué medida (no solo en los papeles sino también en la vida real) los lazos familiares son, hoy día, rotos con mayor frecuencia y facilidad que en épocas anteriores. En la mayoría de los casos, con respecto a estas cuestiones debemos conformarnos con un juicio a simple vista. La diferencia, sin embargo, entre la época prerrevolucionaria y el presente es que en aquella todos los graves conflictos y problemas de la familia de la clase trabajadora solían pasar desapercibidos para dicha clase. Ahora, en cambio, que una enorme y más alta proporción de trabajadores ocupa puestos de responsabilidad, sus vidas se hallan mucho más a la luz y toda tragedia doméstica se convierte en tema de gran comentario y algunas veces de ociosa charla.

Pese a esta importante diferencia, no puede negarse, sin embargo, que las relaciones familiares, incluso las de la clase proletaria, se hallan bastante perturbadas. Esto fue enunciado rotundamente como un hecho evidente en los debates de los propagandistas de Moscú, y nadie lo cuestionó. Las reacciones difirieron solo en razón del distinto grado y modo en que este hecho impresionó a cada uno. Algunos lo examinaron con cierto recelo, otros manifestaron sus dudas y hubo quienes parecían estar todavía perplejos. En cualquier caso, para todos estaba claro que nos enfrentábamos a un proceso importante, totalmente caótico, cuyas formas tan pronto eran malsanas, como repugnantes, cómicas o trágicas; proceso que todavía no había dejado aparecer las posibilidades del nuevo orden familiar que ocultaba. La prensa, es cierto, dejó deslizar alguna información acerca de la desintegración de la familia, pero solo lo hizo ocasionalmente y en términos muy vagos y generales. En un artículo sobre el tema, leí que la desintegración de la familia en la clase trabajadora era presentada como un caso de «influencia de la burguesía sobre el proletariado». Pero no es tan simple. El problema tiene raíces más profundas y resulta más complicado. Existe, sí, una clara influencia de la vieja y nueva burguesía, pero el proceso consiste principalmente en una penosa evolución de la familia proletaria misma, una evolución que necesariamente ha de conducir a una crisis y cuya primera etapa caótica nosotros estamos presenciando actualmente.

La influencia profundamente destructiva de la guerra sobre la familia es bastante conocida. En primer lugar, en tanto separa a la gente por largos períodos o los reúne por pura casualidad, disuelve automáticamente la familia. Esta influencia fue continuada y fortalecida por la revolución. Los años de la guerra terminaron con todo aquello que se había mantenido solo por la inercia de la tradición histórica. Derribaron el poder del zarismo, los privilegios de clase, la vieja familia tradicional. La revolución comenzó por edificar el nuevo Estado y con ello llevó a cabo su más simple y urgente objetivo. El aspecto económico del problema resultó ser más complicado. La guerra trastornó el viejo orden económico, la revolución lo derribó. Actualmente estamos ensayando la construcción de un nuevo orden; hasta ahora lo hacemos a partir de los viejos elementos, reorganizándolos de diferente modo. En el campo de la economía solo recientemente hemos abandonado el período de destrucción para comenzar el de la reconstrucción y ascenso. Nuestro avance es lento todavía y la reacción de las nuevas formas socialistas de la vida económica está aún muy distante. Pero estamos definitivamente fuera del período de destrucción y ruina. El nivel más bajo fue alcanzado entre los años 1920-1921.

En la vida familiar el primer período de destrucción se halla aún lejos de su término. El proceso de desintegración está en plena ebullición. Es preciso que tengamos esto bien presente. La vida doméstica familiar está atravesando, digamos, el período de 1920-1921 y no ha alcanzado todavía el de 1923. La vida doméstica es más conservadora que la económica, y uno de los motivos es su menor grado de conciencia. En política y economía la clase trabajadora actúa como un todo y en su avance empuja siempre hacia adelante al partido comunista, su vanguardia, a través de la cual cumple con los objetivos históricos del proletariado. En la vida familiar la clase trabajadora se encuentra dividida en células que agrupan a varias familias. La trasformación del régimen político, el cambio incluso del orden económico del Estado —el paso de las fábricas y los talleres a manos de los trabajadores—, todo esto ejerció indudablemente alguna influencia en las condiciones familiares; pero solamente en forma externa e indirecta, y sin modificar en nada las estructuras domésticas tradicionales heredadas del pasado. Una reforma radical de la familia y en general de todo el orden de la vida doméstica requiere un enorme y consciente esfuerzo del conjunto de la clase trabajadora, y supone la existencia en dicha clase de una poderosa fuerza molecular proveniente de un deseo íntimo e individual de cultura y progreso. Se necesita un arado que se hunda profundamente para remover densas masas de tierra. Uno de los problemas, el más simple, fue el de instituir en el Estado soviético la igualdad política de hombres y mujeres. Mucho más dificultoso fue el siguiente, el de asegurar la igualdad de hombres y mujeres trabajadores en las fábricas, talleres y sindicatos; y hacerlo de tal modo que los hombres no colocaran a las mujeres en una posición desventajosa. Pero lograr una verdadera igualdad entre hombres y mujeres en el seno de la familia es un problema infinitamente más arduo. Antes de que ello suceda deben subvertirse todas nuestras costumbres domésticas. Y aún es bastante obvio que a menos que en la familia exista una verdadera igualdad entre marido y mujer, y ello en un sentido general, así como en lo referente a las condiciones de vida, no podremos hablar seriamente de igualdad en el trabajo social ni quizás en la política. Hasta tanto la mujer esté atada a los trabajos de la casa, el cuidado de la familia, la cocina y la costura, permanecerán cerradas totalmente todas sus posibilidades de participación en la vida política y social.

El problema más fácil fue el de la asunción del poder. Y sin embargo, este solo problema absorbió todas nuestras fuerzas en la primera etapa de la revolución. Exigió infinitos sacrificios. La guerra civil obligó a adoptar medidas de sumo rigor. Mentes estrechas, gentes tontas se quejaron de la corrupción de las costumbres, de la sanguinaria perversión del proletariado, etc., cuando lo que había ocurrido en realidad era que el proletariado, llevando hasta el extremo el empleo de los medios de la violencia revolucionaria, comenzó a luchar por nuevas formas de cultura, por un nuevo humanitarismo. En el aspecto económico, durante los primeros cuatro o cinco años, habíamos atravesado un período de crisis terrible. Decayó el nivel de productividad y los productos eran de una baja calidad alarmante. En tal situación, nuestros adversarios vieron o quisieron ver un signo del estado de putrefacción del régimen soviético. Sin embargo, en realidad no era más que la etapa, por otra parte inevitable, de la destrucción de las viejas estructuras económicas y de los primeros intentos desvalidos para la creación de las nuevas.

Con respecto a las relaciones familiares y a las formas de vida privada en general, debe existir asimismo un inevitable período de desintegración, tal como ocurriera con las tradiciones heredadas del pasado que no habían sido todavía objeto de reflexión. Pero en este terreno de la vida doméstica el período de la crítica y de la destrucción comienza más tarde, dura mucho tiempo y asume formas insanas y lamentables, las cuales, sin embargo, son complejas y no siempre perceptibles para una observación superficial. Estas señales progresivas de un cambio crítico en las condiciones del modo de vida deben ser claramente definidas para no alarmarnos por los fenómenos que observemos. Debemos aprender a estimarlos en su justo significado, saber qué lugar ocupan en el desarrollo de la clase trabajadora y dirigir conscientemente las nuevas condiciones hacia las formas de vida socialistas.

La advertencia es necesaria, puesto que ya mismo se hacen oír las voces de alarma. En el debate de los propagandistas moscovitas algunos camaradas hablaron con ansiedad natural de la facilidad con que eran rotos los viejos lazos familiares para dar lugar a otros nuevos tan transitorios como aquellos.

Las víctimas en todos los casos son las madres y los niños. Por otra parte, ¿quién en nuestro medio no escuchó en conversaciones privadas quejas, por no decir lamentaciones, acerca de la desmoralización de los jóvenes soviéticos, especialmente de aquellos que pertenecen a las agrupaciones de la juventud comunista, los llamados komsomoles? No todo es exageración en estas quejas; hay también algo de verdad en ellas. Puesto que se trata de luchar por un nivel de cultura más alto y por la superación de la personalidad humana, debemos realmente, y así lo haremos, combatir los aspectos oscuros de esta verdad. Pero con el fin de iniciar nuestro trabajo y captar el abecé del problema sin moralismos reaccionarios o desalientos, tendremos primero que estar seguros de los hechos y comenzar a ver claramente qué está ocurriendo en la realidad.

Tal como expresamos más arriba, influyeron sobre la vieja conformación de la familia dos hechos de enorme importancia: la guerra y la revolución. Y a continuación llegó, deslizándose sigilosamente, la mole subterránea: el pensamiento crítico, el concienzudo estudio y evaluación de las relaciones familiares y las formas de vida. La mecánica misma de los grandes acontecimientos combinada con el ímpetu crítico de las mentes más lúcidas generó el período de destrucción de las relaciones familiares del que ahora somos testigos. Ahora, después de la conquista del poder, el trabajador ruso debe realizar en muchos aspectos de la vida sus primeros pasos conscientes hacia una verdadera cultura. Bajo el impulso de las grandes colisiones, su fuerza individual sacude por primera vez todas las formas tradicionales de vida, todas las costumbres domésticas, las prácticas religiosas y los lazos de parentesco. Esto no es de extrañar; en los comienzos, la rebelión individual, su resistencia contra lo tradicional, supone la anarquía, o para decirlo más crudamente, disuelve las instituciones. Lo hemos visto en el ámbito político, militar y económico; aquí el individualismo anárquico adoptó todas las formas de extremismo, sectarismo, doctrinarismo retórico. No es de extrañar tampoco que este proceso repercuta en lo más íntimo de las relaciones familiares, provocando los efectos más lamentables. Allí las personalidades más lúcidas, con el fin de reorganizarlo todo según nuevos modelos, se alejaron de los caminos trillados, y recurrieron a la «disipación», al «vicio» y a todos los pecados denunciados en los debates de Moscú.

El jefe de familia, arrancado de su medio a raíz de la movilización, se convierte en el frente civil, en un ciudadano revolucionario. Un cambio súbito. Su perspectiva es más amplia, sus aspiraciones espirituales más altas y de un orden más complejo. Es un hombre diferente. Y luego vuelve para descubrir que allí no ha cambiado prácticamente nada. El vivo entendimiento y la armonía de las relaciones familiares han desaparecido. Y no surge ningún nuevo entendimiento. La mutua admiración se convierte en mutua antipatía, luego en aversión. La familia se desmorona.

El jefe de familia es comunista. Lleva una vida activa, está comprometido en su trabajo social, crece su capacidad mental, su vida personal es absorbida por su trabajo. Pero su mujer también es comunista. Ella quiere participar en el trabajo social, asiste a los mítines, trabaja en los sóviets y en los sindicatos. La vida del hogar se vuelve prácticamente inexistente antes de que ellos se den cuenta, o la nostalgia de la atmósfera hogareña acaba produciendo choques continuos. Marido y mujer entran en discordia. La familia se desmorona.

El jefe de familia es comunista, la mujer no está en el partido. El marido está absorbido por su trabajo; como antes, la mujer solo se dedica al hogar. Las relaciones son «pacíficas», basadas de hecho en la habitual enajenación. Pero el comité del marido —la célula comunista— decide que él debe quitar los iconos colgados en su casa. Él está muy dispuesto a obedecer, puesto que lo halla natural. Para su esposa, en cambio, constituye una catástrofe. Una tan mínima ocurrencia es motivo, pues, del abismo que separa los puntos de vista del hombre y la mujer. Las relaciones se han deteriorado. La familia se desmorona.

Una vieja familia. Diez a quince años de vida en común. El marido es un buen trabajador, devoto de su familia; la mujer también vive para su hogar, consagrándole todas sus energías.

Pero, solo por casualidad, entra en contacto con una organización comunista femenina. Un nuevo mundo se abre ante sus ojos. Su energía encuentra un nuevo y más amplio objetivo. El marido se irrita. La mujer queda herida en su conciencia cívica que acaba de despertar. La familia se desmorona.

Ejemplos de este tipo de tragedias domésticas, todas conducentes a un único fin, la destrucción de la familia, pueden ser multiplicados infinitamente. Hemos señalado los casos más típicos. En nuestros ejemplos los problemas se deben siempre a los choques entre los comunistas y sus opositores. Pero la desintegración de la familia, me refiero a la vieja familia tipo, no se produce tan solo en la superficie de la clase por ser esta parte la más expuesta al influjo de las nuevas condiciones. El movimiento desintegrador de las relaciones familiares penetra más profundamente. La vanguardia comunista solamente atraviesa más rápida y con mayor violencia por todo aquello que es inevitable para la clase como un todo. La actitud de censura hacia las viejas condiciones, los nuevos objetivos en lo referente a la familia, se extienden mucho más allá de la línea limítrofe entre los comunistas y la clase trabajadora como un todo. La institución del matrimonio civil significó ya un fuerte golpe para la consagrada familia tradicional que en una gran proporción vivía para las apariencias. Los viejos lazos de matrimonio constituían la menor atadura personal, la mayor era la del poder restrictivo de las fuerzas externas, las tradiciones sociales y sobre todo las prácticas religiosas. El impacto sufrido por el poder de la Iglesia recayó también sobre la institución familiar. Los ritos, que no tienen características de obligatoriedad ni reconocimiento estatal, todavía se mantienen a través de la inercia, actuando como uno de los soportes de la vacilante familia. Pero si no existen sólidos vínculos en el seno de la familia, si esta tan solo se mantiene por la fuerza de la inercia, cada golpe que reciba del exterior será capaz de minarla y destruirla, aniquilando su carácter ritual. Y, en nuestra época, la familia está recibiendo más golpes que en ninguna otra época. He aquí la razón por la cual la familia se tambalea y cae, para recobrarse y finalmente volver a derrumbarse. El modo de vida está sometido a una dura prueba por esta crítica severa y dolorosa de la familia. Pero no puede hacerse una tortilla sin romper antes los huevos.

¿Vamos a asistir a la aparición de un nuevo tipo de elementos de la familia? Sin lugar a dudas.

Solamente tenemos que concebir con claridad la naturaleza de estos elementos y el proceso de su formación. Como en otros casos, es preciso separar las condiciones físicas de las psicológicas, lo individual de lo general. Psicológicamente, la evolución de la nueva familia, de las nuevas relaciones humanas en general, significa para nosotros un adelanto en la cultura de la clase trabajadora, el descubrimiento del individuo, un alza del nivel de sus demandas y mayor disciplina interior. Desde este punto de vista, la revolución en sí ha significado, por supuesto, un gran paso adelante, y lo peor que pueda ocurrirle a la familia en su desintegración actual puede entenderse tan solo como un error en las formas de expresión de la clase que se ha hecho consciente y de los individuos que la componen. Todo nuestro trabajo en relación a la cultura, el trabajo que estamos realizando y el que vamos a realizar, se convierte desde este punto de vista en una preparación de las nuevas relaciones y la nueva familia. Si no elevamos el nivel de educación del individuo trabajador, hombre o mujer, nunca crearemos las condiciones necesarias para el surgimiento de un nuevo tipo de familia superior al de hoy, ya que en este terreno solo es posible recurrir a la disciplina interior, y, de ninguna manera, por supuesto, a la compulsión externa. La fuerza, pues, que en el seno de la familia tiene la disciplina interna del individuo se halla condicionada por el contenido de su vida íntima, el valor y alcance de los lazos que unen marido y mujer.

En principio, la preparación material de las condiciones para un nuevo modo de vida y una nueva familia no puede separarse tampoco del trabajo de la construcción socialista. El Estado de los trabajadores necesita mayor prosperidad con el fin de que le sea posible tomar seriamente en sus manos la educación pública de los niños y aliviar asimismo a la familia de los cuidados de la limpieza y la cocina. La socialización de la familia, del manejo de la casa y de la educación de los niños no será posible sin una notable mejoría de toda nuestra economía. Necesitamos una mayor proporción de formas económicas socialistas. Solo bajo tales condiciones podremos liberar a la familia de las funciones y cuidados que actualmente la oprimen y desintegran. El lavado debe estar a cargo de una lavandería pública, la alimentación a cargo de comedores públicos, la confección del vestido debe realizarse en los talleres. Los niños deben ser educados por excelentes maestros pagados por el Estado y que tengan una real vocación para su trabajo. Entonces la unión entre marido y mujer se habrá liberado del influjo de todo factor externo o accidental y ya no podrá ocurrir que uno de ellos absorba la vida del otro. Una igualdad genuina será al fin establecida. La unión dependerá de un mutuo afecto. Y por tal motivo, precisamente, se logrará la estabilidad interior, no la misma para todos, por supuesto, pero para nadie compulsiva.

Así pues, el camino hacia la nueva familia es doble: a) la elevación del nivel de cultura y educación de la clase trabajadora y de los individuos que la componen; b) un mejoramiento de las condiciones materiales de dicha clase organizado y llevado a cabo por el estado. Ambos procesos se hallan íntimamente conectados entre sí.

Lo arriba expuesto no implica, por supuesto, que en un momento dado de su progreso material la familia del futuro se instalará de repente en su verdad. No. Ya desde ahora es viable un cierto avance hacia la nueva familia. Es verdad que el Estado no puede todavía hacerse cargo ni de la educación de los niños, ni del establecimiento de las cocinas públicas que significarían una gran ventaja para la cocina familiar, ni de la creación de lavanderías públicas donde la ropa no sería robada o estropeada. Pero esto no quiere decir que las familias más progresistas y emprendedoras no puedan reunirse desde ya en unidades colectivas para el gobierno del hogar. Por supuesto, este tipo de experimentos debe hacerse tomando ciertas precauciones; el equipo técnico de la unidad colectiva debe responder a las necesidades y demandas del grupo y proporcionar ventajas manifiestas a cada uno de sus miembros, aun cuando en un comienzo sean bastante modestas.

Esta tarea —dice el camarada Semashko,[1] quien recientemente ha escrito sobre la necesidad de la reconstrucción de nuestra vida familiar—, se lleva a cabo más perfectamente en la práctica, el mero discurrir y decretar acerca de las formas de vida tendrá pocos efectos reales. Pero un ejemplo, una ilustración práctica de la nueva forma, será más efectiva que mil panfletos excelentes. Esta propaganda práctica a través de las pequeñas agrupaciones se asemeja en algo al método que los cirujanos en sus operaciones llaman trasplante. Cuando una gran superficie se halla en carne viva, ya sea debido a heridas o a quemaduras, y no hay esperanzas de que la piel se renueve lo suficiente como para cubrirla, se le injertan trozos de piel extraídas de las partes sanas del cuerpo; estos injertos se extienden hasta cubrir toda la zona enferma. Lo mismo ocurre con la propaganda práctica de que hemos hablado. Cuando

1 Nicolás Alexandrovich Semashko (1874-1949) fue el primer comisario del pueblo de la Salud Pública. Desarrolló la profilaxis, la política de defensa de la madre y del niño, etc.

una fábrica o taller adopta las formas comunistas, otros establecimientos harán lo propio (*Novedades del comité central*, número 8, 4 de abril de 1923, N. Semashko, «El muerto arrastra al vivo»).

Las mencionadas unidades familiares colectivas para el gobierno del hogar deben ser cuidadosamente pensadas y estudiadas. El primer paso deberá consistir en una combinación de la iniciativa privada, apoyada por los poderes gubernamentales, en primer lugar los sóviets locales y los órganos económicos. La construcción de casas nuevas —y ¡al fin vamos a construir casas! — debe regularse de acuerdo con las demandas de las familias agrupadas en comunidades. El primer éxito manifiesto e indisputable en esta dirección, aun cuando sea breve y de alcance limitado, hará surgir inevitablemente, y en grupos cada vez más amplios, el deseo de organizar sus vidas sobre líneas similares. Todavía no ha llegado el momento oportuno para pensar en un proyecto preparado e iniciado desde arriba. Éste no es viable ni desde el punto de vista de los recursos materiales del Estado, ni de la educación misma del proletariado. En el presente solo podremos escapar al estancamiento mediante la creación de comunidades modelo. La tierra bajo nuestros pies ha de ser fortalecida paso a paso; no debemos obrar sin reflexión o demasiado precipitadamente, pero tampoco perder el tiempo en fantasiosos experimentos burocráticos. En un momento dado, el Estado será capaz, con la ayuda de los sóviets locales, unidades cooperativas y demás, de socializar el trabajo realizado, ampliarlo y profundizarlo. De este modo la familia humana, según palabras de Engels, «pasará del reino de la necesidad al reino de la libertad».

VII. LA FAMILIA Y LAS CEREMONIAS

La ceremonia religiosa esclaviza a todos los trabajadores, incluso a los de poca o ninguna creencia
religiosa, en los tres grandes momentos de la vida
del hombre: nacimiento, enlace y muerte. El Estado
socialista ha rechazado la ceremonia religiosa y ha
informado a sus ciudadanos que tenían el derecho
de nacer, casarse y morir sin los misteriosos gestos
y exhortaciones de individuos cubiertos con togas,
sotanas y demás vestiduras eclesiásticas. Pero la costumbre halla más difícil que el Estado suprimir las
ceremonias. La vida de la familia trabajadora es demasiado monótona, y es precisamente la monotonía
la que desgasta el sistema nervioso. De aquí se deriva
el gusto por el alcohol, una pequeña botella que
encierra en sí todo un mundo de imágenes. De ahí
la necesidad de la Iglesia y sus rituales. ¿Cómo se ha
de celebrar el nacimiento de un niño en la familia?
¿Cómo se ha de pagar el tributo de afecto al que-
rido difunto? Es a esta necesidad de embellecer y
celebrar los acontecimientos claves de la vida que
responden los rituales de la Iglesia.

¿Cómo podemos combatirlos? La superstición,
que yace en la raíz de todo ritual, debe, por supuesto, ser atacada por medio de una crítica racional y
una actitud realista y atea frente a la naturaleza y sus
fuerzas. Pero la cuestión de una propaganda científica y crítica no agota el problema; en primer lugar
porque apela solo a una minoría, cuando en realidad
incluso esa minoría siente la necesidad de enriquecer, mejorar y ennoblecer su vida, lo que en última
instancia resulta ser lo más importante.

El Estado de los trabajadores tiene ya sus festivales, desfiles, revistas de tropas y todo tipo de espectáculos simbólicos; las nuevas ceremonias teatrales del Estado. Es verdad que en lo fundamental están demasiado conectadas con las viejas formas a las cuales imitan y perpetúan. Pero en líneas generales el simbolismo revolucionario es novedoso, distinto y de gran peso: la bandera roja, la estrella roja, el trabajador, el campesino, la Internacional. Pero en el cerrado recinto de la vida familiar lo nuevo no ha penetrado o al menos lo ha hecho apenas, en tanto que la vida del individuo se halla estrechamente ligada a la familia. Esto explica por qué en materia de imágenes, bautismos, funerales religiosos, la balanza está del lado de la costumbre. Los miembros más revolucionarios de la familia nada tienen que ofrecer en su reemplazo. Los argumentos teóricos solo funcionan a nivel del pensamiento. Las ceremonias espectaculares, en cambio, actúan sobre los sentidos y la imaginación. Y por lo tanto, la influencia de estas últimas es mucho más amplia. De ahí que en los círculos más comunistas haya surgido la necesidad de reemplazar las viejas prácticas por nuevas formas, nuevos símbolos, no solo en el dominio de la vida cívica donde esto ha sido ampliamente realizado, sino también en lo referente a la familia.

Entre los trabajadores existe la tendencia a celebrar el cumpleaños en lugar del día del santo, y dar a los recién nacidos nombres que simbolizan ideas o acontecimientos nuevos y familiares, antes que el nombre de un santo. En los debates de los propagandistas de Moscú fue donde por primera vez me enteré de que el nombre de mujer Octobrina estaba de algún modo asociado al derecho de ciudadanía.

Existe un nombre, Ninel (Lenin deletreado al revés), y Rem (revolución, electrificación, *mir* [paz]). También se ha dado a los niños el nombre cristiano de Vladímir, Ilich y aun Lenin, así como el de Rosa (en honor de Rosa Luxemburgo) y muchos otros por el estilo, lo que hace manifiesto el deseo de enlazar todo con la revolución.

Hubo casos en el Favzaskom en que el nacimiento de un niño fue celebrado con una ficticia ceremonia de «inspección» y un especial decreto protocolar en que se añadía el nombre del niño a la lista de los ciudadanos de la RSFR [República Socialista Federativa Rusa]. La ceremonia fue seguida de un banquete. En una familia de trabajadores el aprendizaje de un muchacho es celebrado asimismo como si se tratase de una fiesta. En tanto está orientado a la elección de un oficio, y en última instancia, de un género de vida, es un hecho de real importancia. Se trata de una gran oportunidad para la intervención de los gremios. En general, estos deben desempeñar un papel más importante en la creación de las nuevas formas de vida. Las corporaciones de la Edad Media debieron su poder e influencia al hecho de que abarcaban la vida del aprendiz en todos sus aspectos. Saludaban al niño el día de su nacimiento, lo conducían hasta la puerta de la escuela y a la iglesia cuando se casaba, y lo enterraban cuando había cumplido con los deberes de su profesión. Las corporaciones no eran simplemente confederaciones de gremios; eran la vida organizada de la comunidad. Actualmente nuestras uniones industriales evolucionan siguiendo los mismos rumbos, pero con la diferencia, por cierto, de que, en oposición a las del medievo, las nuevas formas de vida llegarán a independizarse de la Iglesia y sus supersticiones, y estarán imbuidas del firme propósito de aprovechar cada conquista de la ciencia y la mecánica para hacer la vida más bella y próspera.

Si se quiere, el matrimonio puede más fácilmente prescindir de la ceremonia. Sin embargo, aun en lo que a este concierne, ¿cuántos «malos entendidos» y exclusiones del partido se han producido debido a los casamientos por la Iglesia? La costumbre se resiste a aceptar el nuevo matrimonio no santificado por una ceremonia espectacular.

En cuanto a las exequias, es una cuestión mucho más delicada y difícil de resolver. Ser enterrado sin los debidos funerales es tan inusual, deshonroso y monstruoso como crecer sin haber sido bautizado. Allí donde la personalidad del difunto exige un funeral de carácter político, se ha dispuesto el escenario para un nuevo tipo de ceremonia fastuosa, infundida del simbolismo de la revolución: el rojo estandarte, la marcha fúnebre revolucionaria, las salvas de despedida. Algunos de los miembros de la conferencia de Moscú señalaron la necesidad de una rápida adopción de la cremación y propusieron, para sentar un antecedente, la cremación de los restos de prominentes revolucionarios. Con razón vieron en ello un arma poderosa para ser usada en la propaganda antieclesiástica y antirreligiosa. Pero la cremación, que nosotros hemos adoptado hace tiempo, no significa el abandono de los mítines, oraciones fúnebres, marchas, salvas de honor. La necesidad de una manifestación exterior de las emociones es fuerte y legítima. Si lo espectacular ha estado en el pasado estrechamente vinculado con la Iglesia, no hay motivo alguno, como ya lo hemos expresado, por el cual, ahora, no pueda ser separado. El teatro se separó de la Iglesia mucho más pronto que la Iglesia del Estado. En los primeros tiempos la Iglesia luchó intensamente contra el teatro «profano», plenamente consciente de que constituía un rival peligroso en materia de espectáculos. El teatro murió, salvo en su calidad de exhibición en un recinto cerrado. Pero los usos y costumbres que utilizaban las formas de espectáculo funcionaron como instrumentos para la preservación de la Iglesia. A este respecto, la Iglesia tenía otros rivales que se presentaban bajo la forma de sociedades secretas tales como la de los francmasones. Pero ellos fueron atravesados, penetrados de lado a lado, de uno a otro extremo, por una clerecía profana. La creación de un «ceremonial» revolucionario de uso (usamos el término «ceremonial» a falta de otro mejor) que suplante el «ceremonial» eclesiástico es posible, no solo en ocasión de los acontecimientos públicos o políticos, sino también de los hechos de la vida familiar. Ya, ahora, una banda cualquiera que toque una marcha fúnebre compite exitosamente con la música fúnebre eclesiástica. Y nosotros debemos, por supuesto, unirnos a la banda en su lucha contra el ritual religioso basado en una sumisa creencia en otro mundo donde seríamos recompensados mil veces por las miserias e infortunios de este. Un aliado mucho más poderoso aún es el cinematógrafo.

La creación de nuevas formas de vida y ceremoniales de uso avanzará más aprisa a medida que se extienda la educación y crezca la seguridad económica. Tenemos muchos motivos para atender a este proceso con el máximo cuidado. Por supuesto, no debe existir ningún tipo de compulsión que venga de arriba, sea, por ejemplo, la burocratización de los nuevos modos de vida. Solo mediante la creatividad de las grandes masas del pueblo, asistidas por la iniciativa artística y la imaginación creadora, podremos, en el curso de años y tal vez de décadas, descubrirnos en camino para el logro de formas de vida más nobles y elevadas. Sin llegar a regular este proceso creativo, nosotros debemos, sin embargo, impulsarlo cada día. Con este propósito, es preciso ante todo que la tendencia a la oscuridad y al ofuscamiento dé lugar a la luz. Debemos observar atentamente lo que ocurre a este respecto en la familia obrera y en la familia soviética en general. Cada forma nueva, aun cuando resulte malograda o sea una mera aproximación, debe ser consignada por la prensa y llevada a conocimiento público, con el fin de estimular la imaginación y el interés de todos, y dar el impulso necesario para próximas creaciones colectivas en lo referente a las nuevas costumbres.

El komsomol tiene un puesto de honor en esta tarea. No toda invención es exitosa, no todo proyecto es viable. ¿Qué importa? La elección adecuada llegará en el momento oportuno. La nueva vida adoptará las formas más acomodadas a su propio sentir. El resultado será una vida más rica, más amplia, más llena de color y armonía. Esta es la esencia del problema.

VIII. EL RESPETO Y LA CORTESÍA COMO CONDICIONES NECESARIAS PARA UNAS RELACIONES ARMONIOSAS

Durante las muchas discusiones sobre el funcionamiento de nuestro Estado, el camarada Kiselev, presidente del Sovnarkom, pone en primer lugar, o al menos vuelve a traer a colación, un aspecto del problema que es de gran importancia. ¿En qué sentido la maquinaria del Estado entra en contacto directo con el pueblo? ¿Cómo se conduce con él? ¿Cómo trata al demandante, a la persona que ha sufrido una injusticia, al viejo «peticionante»? ¿Cómo atiende al individuo? ¿Cómo se dirige a él, si es que en realidad se dirige?... Esto también constituye un factor importante del «modo de vida».

En este tema, sin embargo, debemos separar dos aspectos: forma y sustancia.

En todos los países democráticos civilizados la burocracia «sirve», por supuesto, al pueblo. Esto no impide, sin embargo, que se eleve por encima de este como si se tratara de una compacta casta profesional. Actualmente, ya sea en Francia, Suiza o EEUU, solo es útil a los magnates capitalistas; más aún, se comporta servilmente con ellos mientras que trata arrogantemente a los trabajadores y campesinos. Pero en las «democracias» civilizadas este hecho está revestido de ciertas formas de educación y cortesía, en mayor o menor grado según los diferentes países. Cada vez que lo consideran necesario (y eso sucede con gran frecuencia), el puño de la policía resquebraja sin dificultad esa pantalla de educación. Los huelguistas son apaleados en las comisarías de policía de

París, Nueva York y el resto de las grandes ciudades del mundo. Como quiera que sea, la educación «democrática» es, en lo esencial, un producto y herencia de las revoluciones burguesas. La explotación del hombre por el hombre conserva su vigencia, ahora menos «brutal» y adornada con el pretexto de la igualdad y la urbanidad de las costumbres. En tanto nuestra máquina burocrática soviética contiene, junto con los gérmenes de las nuevas relaciones humanas, tradiciones provenientes de distintas épocas, constituye una realidad única y compleja. Entre nosotros, como regla general la cortesía no existe. En cambio, es fácil observar gran cantidad de esa grosería heredada del pasado. Pero ella no es nada homogénea. Se trata de la simple grosería de origen campesino que, por cierto, no es plausible, pero tampoco degradante. Solo se vuelve insoportable y objetivamente reaccionaria cuando nuestros jóvenes novelistas la exaltan como si se tratara de una excelente adquisición «artística». Los elementos más adelantados de los trabajadores miran esa falsa sencillez con una hostilidad instintiva, porque, precisamente en el lenguaje o el comportamiento vulgar, perciben las huellas de la vieja esclavitud mientras que ellos con su disciplina interna aspiran a adquirir un lenguaje culto. Pero esto sea dicho de paso.

Al lado de este tipo de grosería apacible, la habitual grosería pasiva del campesino, tenemos otra de tipo especial: la grosería «revolucionaria», la torpeza de los líderes, debido a la impaciencia, a un deseo por demás exacerbado por mejorar las cosas, a la irritación que en ellos suscita nuestra oblomovería[1]

---

1 En ruso, *oblomovschina*: neologismo formado a partir del nombre del personaje principal de la novela de Goncharov, Oblómov, prototipo del perezoso consciente de serlo, pero incapaz de superarse.

ante todas las pruebas de un esfuerzo vigoroso. Por supuesto, considerada en sí misma, esta torpeza tampoco es muy atractiva y, en general, evitamos caer en ella; pero finalmente se sustenta en la misma fuente de la moral revolucionaria, la cual, en más de una ocasión durante los últimos años, ha sido capaz de mover montañas. En este caso no es la sustancia, que en general es creadora, progresista y bien intencionada, lo que debe trasformarse, sino más bien las formas distorsionadas.

Y todavía tenemos —y he aquí la gran piedra del escándalo — la torpeza de la vieja aristocracia que arrastra consigo las formas características del feudalismo. Este tipo de torpeza es viciosa y vil en todos sus aspectos. Entre nosotros aún no se ha erradicado por completo, y lograrlo no es nada fácil. En los distritos de Moscú, especialmente en los más importantes, esta brutalidad aristocrática no se manifiesta de un modo agresivo, gritando, por ejemplo, o sacudiéndole un puñetazo en la nariz a algún peticionante; es mucho más corriente que lo haga a través de una despiadada formalidad. Por supuesto, esta última no es la única causa de la «burocracia», un motivo de gran peso es la total indiferencia por la vida del ser humano y su empeñoso esfuerzo por la subsistencia. Si pudiéramos realizar una apreciación sensible de los modos, réplicas, explicaciones, ordenanzas y decretos de todas las células del organismo burocrático, aún cuando se trate tan solo de un día ordinario de Moscú, el resultado sería una total confusión. En cuanto a la provincia, es todavía peor, especialmente a lo largo de la frontera donde linda la ciudad con el campo, la frontera que es la parte más vital de todas.

El burocratismo es un fenómeno muy complejo, y de ningún modo homogéneo; se trata, por el contrario, de un conglomerado de fenómenos y procesos de distintos orígenes históricos. Los principios que sustentan y nutren el burocratismo son también sumamente diversos. El más importante es el nivel de nuestra cultura; el atraso y el analfabetismo de una vasta proporción del pueblo. La confusión general resultante de una maquinaria estatal en constante proceso de reconstrucción, inevitable en un período de revolución, es en sí misma la causa de la mayor parte de las fricciones superfluas que desempeñan un papel importante en la conformación de la «burocracia». La causa de lo más repulsivo de sus formas es la heterogeneidad de clases de la máquina soviética; la confusa mezcla de tradiciones aristocráticas, burguesas y soviéticas.

Por lo tanto, la lucha contra el burocratismo no puede dejar de tener un carácter diversificado. En su base se halla la lucha contra el bajo nivel de cultura e higiene, contra el analfabetismo y la miseria. El mejoramiento técnico de la maquinaria, la reducción del número de funcionarios, la introducción de una mayor organización, minuciosidad y exactitud en el trabajo y otras medidas de naturaleza semejante, no agotan por supuesto el problema histórico, pero ayudan a debilitar los aspectos más negativos de la «burocracia». Se le ha dado gran importancia a la formación de un nuevo tipo de burócrata soviético: los nuevos especialistas. Pero tampoco en esto debemos engañarnos. Son enormes las dificultades que se presentan para que, en un período de transición y por intermedio de preceptores heredados del pasado, decenas de miles de trabajadores sean formados conforme a los nuevos cánones; espíritu de colaboración, sencillez y humanidad. Son enormes, pero no insuperables. No puede lograrse inmediatamente, sino de modo gradual, por la aparición de una «edición» más y más mejorada de la juventud soviética.

Todas estas medidas, que se contemplan a mayor o menor plazo, no excluyen sin embargo, en ningún caso, una lucha inmediata, cotidiana, implacable contra esa insolencia burocrática, contra ese desdén administrativo hacia el individuo y su problema, contra ese nihilismo de oficinista que puede ocultar una indiferencia hacia todo, o bien una cobardía importante para reconocer su incapacidad, o un deseo de sabotaje consciente o, incluso, el odio orgánico de una clase degradada hacia aquellos que la han degradado. Aquí se encuentra uno de los puntos fundamentales de la palanca revolucionaria.

Es preciso que el hombre simple, el humilde trabajador, deje de temer a las instituciones administrativas a las que acude en petición de ayuda. Es preciso que se le acoja mostrándole mayor atención cuanto más indefenso sea, es decir, más oscuro, más ignorante. Y en el fondo debe llevarse a cabo un intento real por ayudarle, no por desembarazarse cuanto antes de él. Para ello, y aparte de las otras medidas, la opinión pública debe estar constantemente informada del problema, tomar parte en el asunto con la mayor intensidad posible y, en particular, es preciso que este problema interese a todos los elementos realmente soviéticos, revolucionarios, comunistas y a todos aquellos que, simplemente, sean conscientes del aparato del Estado en sí; afortunadamente, estos elementos son muy numerosos: sobre ellos reposa el aparato del Estado y gracias a ellos progresa.

La prensa puede cumplir un papel decisivo al respecto.

Desafortunadamente, nuestros periódicos, en general, proporcionan muy poco material informativo con respecto a la vida cotidiana. Si a veces se brinda esta información, lo más frecuente es que se haga a través de artículos estereotipados tales como: «Existe una fábrica tal y tal. En la fábrica hay un comité y un director. El comité de la fábrica hace tal y tal cosa, el director dirige». Mientras, en ese mismo momento, nuestra vida real está llena de color y es rica en episodios instructivos, particularmente a lo largo de la línea donde la maquinaria estatal entra en contacto con la masa del pueblo. No tenéis más que arremangaros…

Por supuesto, una tarea de iluminación e instrucción de este tipo debe cuidarse mucho de la intriga, debe despojarse de la hipocresía y de toda forma de demagogia. Pero dicha tarea, correctamente desarrollada, es necesaria y vital, y me parece que los responsables de los periódicos deben encarar el modo de realizarla. Para ello nos son necesarios periodistas que sumen el ingenio del reportero norteamericano a la honestidad soviética. Ese elemento existe, y el camarada Sovnovski nos ayudará a movilizarlo. Y en su mandato (sin temer por ello parecerse a Kuzma Prutkov) es preciso inscribir: ¡id hasta el fondo de las cosas!

Un «programa calendario» ejemplar tendrá por fin detectar, en el curso de los próximos seis meses, a un centenar de servidores civiles que hayan demostrado un profundo menosprecio de sus deberes para con las masas trabajadoras, y públicamente, quizá a través de un juicio, arrojarlos de la máquina del Estado, de modo que nunca puedan volver a instalarse en ella. Será un buen comienzo. No debe esperarse que como resultado de ello ocurran milagros. Pero un pequeño cambio de lo viejo a lo nuevo constituye un útil paso adelante, de mucho más valor que el más grande de los discursos.

IX. LA LUCHA POR UN LENGUAJE CULTO

He leído últimamente en uno de nuestros periódicos que en una asamblea general de trabajadores en la fábrica de calzado La Comuna de París se aprobó una resolución que ordena abstenerse de blasfemar e impone multas a quien haga uso de expresiones injuriosas.

Éste es un pequeño incidente en medio de la gran confusión de la hora actual. Pero un pequeño incidente de gran peso. Su importancia, con todo, depende de la respuesta que encuentre en la clase trabajadora la iniciativa de la fábrica de calzado.

El lenguaje insultante y las blasfemias constituyen un legado de la esclavitud, de la humillación y falta de respeto por la dignidad humana, tanto la propia como la de los demás. Esto es exactamen te lo que ocurre en Rusia respecto de las blasfemias. Me gustaría que nuestros filólogos, lingüistas y especialistas en folklore me dijeran si conocen en cualquier otro idioma términos tan disolutos, vulgares y bajos como los que tenemos en ruso. Hasta donde yo sé, nada o casi nada parecido existe fuera de nuestro país. El lenguaje blasfemo en nuestras clases socialmente inferiores era el resultado de la desesperación, la amargura y, sobre todo, de la esclavitud sin esperanza ni evasión. El lenguaje blasfemo de nuestras clases altas, el lenguaje que salía de las gargantas de la aristocracia y de los funcionarios, era el resultado del régimen clasista, del orgullo de los propietarios de esclavos y del poder inconmovible. Se supone que los proverbios contienen la sabiduría de las masas; los proverbios rusos, además, revelan su ignorancia y su tendencia a la superstición, así como su condición de esclavitud. «Un insulto se olvida rápidamente», dice un proverbio ruso, demostrando que no solo se acepta la esclavitud como un hecho, sino que se está obligado a sufrir la humillación que ella implica. Dos corrientes de procacidad rusa —el lenguaje blasfemo de los amos, los funcionarios y los policías, grueso y rotundo; y el lenguaje blasfemo, hambriento, desesperado y atormentado de las masas— han teñido toda la vida rusa con matices despreciables. Tal fue el legado que, entre otros, recibió la revolución del pasado.

La revolución, sin embargo, es primordialmente el despertar de la personalidad humana en el seno de las masas, en esas masas que supuestamente no poseían ninguna personalidad. Pese a la crueldad ocasional y a la sanguinaria inexorabilidad de sus métodos, la revolución se caracteriza, inicialmente y sobre todo, por un creciente respeto a la dignidad del individuo y por un interés cada vez mayor por los débiles. Una revolución no es digna de llamarse tal si con todo el poder y todos los medios de que dispone no es capaz de ayudar a la mujer —doble o triplemente esclavizada como lo fue en el pasado— a salir a flote y avanzar por el camino del progreso social e individual. Una revolución no es digna de llamarse tal si no prodiga el mayor cuidado posible a los niños, la futura generación para cuyo beneficio precisamente se llevó a cabo la revolución. Pero, ¿cómo puede crearse una nueva vida basada en la consideración mutua, en el respeto a sí mismo, en la verdadera igualdad de las mujeres (quienes deben ser estimadas en el mismo grado que los hombres trabajadores), en el cuidado eficiente de los niños, en medio de una atmósfera envenenada por el rugiente, fragoroso y resonante lenguaje blasfemo de los amos y los esclavos, ese lenguaje que no perdona a nadie y que no se detiene ante nada? La lucha contra el «lenguaje procaz» es un requisito esencial de la higiene mental, de la misma manera que la lucha contra la suciedad y las alimañas es un requisito de la higiene física.

Terminar radicalmente con el lenguaje injurioso no es cosa fácil si se tiene en cuenta que el desenfreno en el lenguaje tiene raíces psicológicas y es una consecuencia del escaso grado de cultura de los suburbios. Por cierto, damos la bienvenida a la iniciativa de la fábrica de calzado y sobre todo deseamos mucha perseverancia a los promotores de los nuevos movimientos. Los hábitos psicológicos, que se trasmiten de generación en generación y saturan todo el clima de la vida, son sumamente tenaces. Por otra parte, ¿con cuánta frecuencia nos lanzamos en Rusia impetuosamente hacia adelante, agotamos nuestras fuerzas y después dejamos que las cosas si gan a la deriva como antaño?

Confiemos en que las mujeres trabajadoras —y, en primer lugar, las que pertenecen a las filas comunistas— apoyen la iniciativa de la fábrica La Comuna de París. Por regla general —la que por supuesto admite sus excepciones— los hombres que comúnmente emplean un lenguaje desenfrenado desprecian a las mujeres y les prestan poca atención. Esto no se aplica tan solo a las masas incultas, sino también a los elementos avanzados y aun a los llamados «responsables» del actual orden social. No puede negarse que las viejas formas prerrevolucionarias de lenguaje procaz siguen todavía en uso, seis años después de octubre, y que incluso están de moda en las «altas esferas». Cuando se encuentran fuera de la ciudad, especialmente fuera de Moscú, nuestros mandatarios consideran en cierto sentido como un deber el uso de expresiones fuertes. Evidentemente, ven en ello un método de entrar en contacto más profundamente con el campesinado.

Tanto en el aspecto económico como en todos los demás aspectos, nuestra vida en Rusia ofrece los contrastes más notables. En el centro del país, cerca de Moscú, hay miles de pantanos y caminos intransitables, y próxima a los mismos surge de pronto una fábrica que por su equipo técnico podría muy bien sorprender a cualquier ingeniero europeo o norteamericano. Contrastes similares abundan en nuestra vida nacional. Junto a algunos elementos rapaces del viejo estilo, tipo Kit Kitich,[1] que han pasado el período de revolución, han conocido la expropiación, la especulación clandestina, la especulación legal, y que han conservado prácticamente intactas todas las características de su clase, podemos observar el mejor estilo de obrero comunista, proveniente de la clase trabajadora, que día a día consagra su vida a servir a los intereses del proletariado internacional y está listo, si se presenta la oportunidad, para luchar por la causa revolucionaria en cualquier país, incluidos aquellos que no sabría ubicar en el mapa. Además de tales contrastes sociales —una torpe bestialidad y el más alto idealismo revolucionario— a menudo presenciamos contrastes psicológicos de la misma tendencia. Por ejemplo, un comunista auténtico, consagrado a su tarea, pero para quien las mujeres son tan solo *babas*[2] (¡qué palabra grosera!) que en ningún

---

1 Kit Kitich: nombre genérico, aparecido a principios del siglo XIX, que designa un tipo de comerciante, verdadero déspota familiar caracterizado por la grosería y la picardía.

2 Término peyorativo, denominación colectiva que rebaja a la mujer a bestia de carga.

modo son tomadas en serio. O a veces ocurre que el muy respetado comunista, cuando discute cuestiones nacionales, comienza a exponer inusitadamente ideas reaccionarias desbordándose en injurias dignas de un Ugrium-Burtchéev.[1] Con respecto a esto debemos recordar que los distintos aspectos de la conciencia humana no se transforman y desarrollan simultáneamente por rumbos paralelos. Existe una cierta economía en el proceso. La psicología humana es, por naturaleza, muy conservadora, y el cambio debido a las demandas e impulsos de la vida afecta en primer lugar a los aspectos de la mente que le conciernen en forma directa. En Rusia, el desarrollo social y político de las últimas décadas tuvo lugar de un modo un tanto inusual, con sorprendentes saltos y sobresaltos, y esto tiene que ver con nuestra desorganización y confusión presentes, que no concierne sólo a lo político y económico. El mismo proceso irregular en el desarrollo mental de mucha gente dio por resultado una muy curiosa mezcla de avanzados puntos de vista políticos cuidadosamente elaborados (en este terreno tenemos algo que aprender de Europa y América) junto con tendencias, hábitos y, en algunos casos, ideas que son un directo legado del *Domostroi*.[2] Para obviar tales efectos, debemos poner en orden la faz intelectual, debemos examinar a través de métodos marxistas todo el complejo mental del hombre, y en esto ha de consistir el esquema general de educación y autoeducación del partido, comenzando por sus dirigentes. Pero aquí también el

---

1 Ugrium-Burtchéev: personaje de la novela de Saltikov-Schedrín, *Historia de una ciudad*. Prototipo de déspota que solo puede expresarse por medio de onomatopeyas groseras.

2 *Domostroi*: recopilación de escritos del siglo XVI, donde son reunidas las reglas fundamentales de la vida cotidiana, basada principalmente en una sumisión total al jefe de familia.

problema es bastante complicado y no puede ser resuelto tan solo por la instrucción escolar y los libros;
las raíces de la desorganización y confusión están
en las condiciones en que se vive. La psicología, en
última instancia, está determinada por la vida. Pero
dicha dependencia no es puramente automática y
mecánica; se trata más bien de una activa y recíproca
determinación. Por lo tanto, el problema debe ser
encarado de diferentes modos; el de los trabajadores
de la fábrica La comuna de París es uno de tantos.
Les deseamos a todos ellos el mayor de los éxitos.

P.S. La lucha contra la vulgaridad del lenguaje es
también parte de la lucha por la pureza, claridad y
belleza de la lengua rusa.

Los necios reaccionarios sostienen que la revolución, sin haber llegado a destruirla del todo, está en
camino de estropear la lengua rusa. De hecho, existe actualmente una enorme cantidad de términos
en uso que han surgido por casualidad, muchos de
ellos expresiones groseras y del todo innecesarias,
otros contrarios al espíritu de nuestra lengua. Y sin
embargo, estos tontos reaccionarios están tan equi-
vocados acerca del futuro de la lengua rusa como
acerca de todo el resto. En efecto, a pesar y más allá
del desorden revolucionario, nuestro lenguaje se
irá rejuveneciendo y fortaleciendo con una mayor
flexibilidad y delicadeza. El lenguaje obviamente
osificado, burocrático y liberal de nuestra prensa
prerrevolucionaria se halla ya considerablemente
enriquecido por nuevas formas descriptivas, por
nuevas expresiones mucho más precisas y dinámi-
cas. Pero a través de estos tumultuosos años nuestro
idioma, por cierto, se ha ido obstruyendo cada vez
más, y parte de nuestro progreso cultural se ha ma-

nifestado, entre otras cosas, en el hecho de haber desechado todos los términos y expresiones innecesarios, así como aquellos que no concuerdan con el espíritu de nuestra lengua, mientras por otra parte se han reservado las valiosas e incuestionables adquisiciones lingüísticas del período revolucionario.

El lenguaje es el instrumento del pensamiento. La corrección y precisión del lenguaje es condición indispensable de un pensamiento recto y preciso. El poder político ha pasado, por primera vez en nuestra historia, a manos de los trabajadores. La clase trabajadora dispone de un gran cúmulo de trabajo y experiencia vital y de un idioma basado en dicha experiencia. Pero nuestro proletariado no ha recibido la suficiente instrucción preparatoria acerca de los rudimentos de lectura y escritura, por no hablar de su formación literaria. Y he aquí el motivo por el cual la ahora gobernante clase trabajadora, que en sí misma y por su naturaleza social es una poderosa guardiana de la integridad y grandeza de la lengua rusa del futuro, hoy no se levanta, sin embargo, con toda la energía necesaria para luchar contra la intrusión de expresiones y términos viciosos, inútiles y a menudo desagradables. Cuando la gente dice, «un par de semanas», «un par de meses» (en lugar de «varias semanas, varios meses»), resulta estúpido y feo. En lugar de enriquecer el lenguaje, ello lo empobrece: la palabra «par» pierde en el proceso su significado real (el que tiene en la expresión «un par de botas»). Las expresiones y los términos erróneos han entrado en uso a raíz de la intrusión de palabras extranjeras mal pronunciadas. Los oradores proletarios, aún aquellos que debieran saber hablar mejor, dicen, por ejemplo «incindente» en lugar de «incidente», o dicen «instito» en lugar de «instinto», o «legularmente» en lugar de «regularmente». Tales pronunciaciones erróneas tampoco eran poco frecuentes en el pasado antes de la revolución. Pero ahora parecen adquirir cierto derecho de ciudadanía. Nadie corrige esas expresiones defectuosas debido a una especie de falso orgullo. Eso es un error. La lucha por una mayor educación y cultura proveerá a los elementos avanzados de la clase trabajadora todos los recursos de la lengua rusa en su mayor grado de riqueza, sutileza y refinamiento. Para preservar la grandeza del lenguaje, todos los términos y expresiones defectuosos deben ser desechados del habla cotidiana. El lenguaje también tiene necesidad de una higiene. Y no en menor grado, sino mucho más que las otras, la clase trabajadora necesita un lenguaje sano, ya que por primera vez en la historia comienza a pensar independientemente acerca de la naturaleza, acerca de la vida y sus fundamentos; y el instrumento indispensable de todo pensamiento correcto es la claridad y agudeza del lenguaje.

X. CONTRA LA BUROCRACIA, PROGRESISTA Y NO PROGRESISTA

He de hablar otra vez, y probablemente no sea la última, sobre los problemas de la vida de la clase trabajadora. Mi objetivo al respecto es defender el creciente y, a mi juicio, más legítimo interés de las masas contra los ataques de las críticas más burocráticas que progresistas.

La burocracia progresista desaprueba todas las discusiones que sobre los problemas de la vida se lleven a cabo en la prensa, en clubes y en mítines. ¿Cuál es la utilidad, se preguntan, de perder tiempo en discusiones? Dejad que las autoridades comiencen a hacer funcionar los comedores comunales, las lavanderías, los albergues, etc. Y estos necios burócratas agregan a menudo (o más bien susurran o dan por supuesto, pues prefieren eso antes que hablar abiertamente): «Es pura palabrería, y nada más». Sin duda, el burócrata supone (me pregunto si tiene en manos algún brillante plan financiero) que cuando seamos ricos, y sin necesidad de más palabras, obsequiaremos al proletariado con condiciones de vida más civilizadas como si se tratara de un regalo de cumpleaños. No hay ninguna necesidad, afirman tales críticos, de realizar una propaganda dirigida a las masas a favor de condiciones socialistas; el mismo proceso de trabajo crea «un sentido de sociabilidad».

¿Qué tendríamos que responder a semejantes argumentos? Si el mencionado «sentido de sociabilidad», creado por el mismo proceso de trabajo, constituyese un medio suficiente para resolver los problemas del socialismo, ¿qué necesidad habría de un partido comunista? Con todo, en realidad, el camino por recorrer desde ese «vago sentido de sociabilidad» hasta una firme voluntad de reconstrucción de la vida es sumamente largo. La tarea de nuestro partido yace todo a lo largo de dicho camino. Los problemas acerca de los modos y condiciones de vida deben hacerse conscientes a las masas. Ningún gobierno, ni siquiera el más activo y emprendedor, podrá por ventura proceder a la trasformación de la vida sin la iniciativa de las masas. El Estado puede organizar las condiciones de vida dentro de las unidades más pequeñas de la comunidad: las familias. Pero, a menos que tales unidades se combinen por su propia voluntad y elección en un cuerpo político, ¿podrán acaso obtenerse modificaciones serias y radicales en las condiciones económicas y en la vida familiar?

El problema en nuestro caso no se reduce solamente a la necesidad de nuevas instituciones tales como guarderías, comedores públicos o casas que funcionan como comunidades. Sabemos muy bien que muchas madres han rehusado entregar a sus hijos para que sean cuidados en las guarderías. No lo harían tampoco ahora, obstinadas como son por su inercia y prejuicio, en su rechazo de toda innovación. Muchas casas que habían sido asignadas a familias que vivían en comunidades quedaron en condiciones lastimosas y se hicieron inhabitables. Las personas que las habitaron no consideraron las viviendas comunitarias como un comienzo de las nuevas condiciones, las vieron por el contrario como si se tratara de cuarteles provistos por el Estado. Como resultado de la falta de preparación, los métodos apresurados, la carencia de una disciplina interna y la escasa cultura, las comunidades muy a menudo han experimentado un fracaso total. Los problemas de las condiciones de vida requieren un examen crítico integral y para ello es necesario disponer de métodos cuidadosamente elaborados. La marcha progresiva debe poseer una base segura en un acrecentado conocimiento de las condiciones de la vida doméstica y mayores demandas de vida cultural por parte de hombres y mujeres de la clase trabajadora, especialmente de las mujeres.

Quiero apuntar a unos pocos casos que ilustran la relación existente entre la iniciativa del Estado y la de las masas en lo concerniente a los problemas de las condiciones de vida. En el momento actual, y gracias a la enérgica intervención del camarada Kerjenzev, un elemento de la vida muy importante —la puntualidad— se ha trasformado en objeto de especial atención. Considerando dicho problema desde un punto de vista burocrático, se podría preguntar: «¿Para qué, finalmente, aturullarse con ese tipo de discusiones? ¿Cuál es la utilidad de emprender una campaña de propaganda, fundar ligas con divisas para sus miembros, etc.? Dejad que las autoridades exijan puntualidad mediante un decreto, e impongan penas a propósito de su contravención». Pero tal decreto existe ya hoy día. Hace unos tres años, apoyado firmemente por el camarada Lenin, conseguí un reglamento acerca de la puntual asistencia a los mítines, comités, etc., promulgado y debidamente ratificado por el partido y los sóviets. Como es usual, también existían penas relacionadas con la infracción del decreto. El reglamento produjo algunos efectos, pero desafortunadamente no muchos. Trabajadores muy responsables todavía hoy día siguen llegando con más de media hora de retraso a las reuniones de comité. Creen honestamente que ello se debe a que tienen demasiados compromisos, pero en realidad su impuntualidad es producto del descuido y de un cierto menosprecio del tiempo, del propio y del de los demás. Una persona que llega siempre tarde porque está «terriblemente ocupada», rinde en su trabajo necesariamente mucho menos que otra que llega siempre a tiempo dondequiera que sea aguardada. Resulta bastante curioso que durante los debates de nuestra Liga del tiempo la gente pareciera simplemente haber olvidado que dicho decreto existía. Por mi parte nunca he visto que la prensa lo mencionara. Esto demuestra cuán difícil es reformar las malas costumbres tan solo a través de la legislación. Por cierto, el decreto arriba mencionado debe ser rescatado del olvido y ser usado como soporte de la Liga del tiempo. Pero, a menos que seamos ayudados por el esfuerzo de los elementos más avanzados de la masa laboral para el logro de la eficiencia y puntualidad indispensables, las medidas administrativas no tendrán efecto alguno. Los trabajadores «responsables» deben ser puestos a la luz del control público; así, quizá tendrán cuidado de no robar tiempo a cientos y miles de trabajadores.

Tomemos ahora otro caso. Las autoridades han estado luchando durante varios años contra las malas impresiones, pruebas de imprenta, cosido y plegado de folios y libros. Algunas mejorías se han producido, pero no muchas. Y por cierto, estos defectos de nuestras impresiones y ediciones no se deben a deficiencias técnicas. Los responsables son los lectores que no han alcanzado la instrucción necesaria para ser lo suficientemente exigentes. *El Periódico de los Trabajadores*, para tomar un ejemplo entre muchos, sale a circulación —quién sabe por qué— doblado por el largo en lugar de por el ancho de la hoja.

Antes de empezar a leerlo, el lector tiene que desarmarlo para volver a doblarlo en la forma correcta y colocar en su sitio la hoja invertida. Hacer todo eso, por ejemplo, en un tranvía, no es cosa fácil. Ningún editor burgués se atrevería a presentar a sus lectores un periódico semejante. *El Moscú de los Trabajadores* se publica con sus ocho hojas pegadas. Los lectores deben cortarlas con lo primero que hallen a mano, generalmente con los dedos, rasgando la mayoría de las veces parte del texto. El diario queda estropeado y en condiciones poco aptas como para ser pasado a otro lector cuando el primero lo haya leído. ¿Y por qué hay que soportar semejante descuido? Por supuesto, la burocracia progresista echará toda la culpa a la inercia de los editores. En verdad, tal inercia es nociva. Luchamos contra ella usando incluso armas tales como las resoluciones de las conferencias del partido. Pero aún peor es la pasividad de los lectores, su manera de desatender a su propio confort, su carencia de hábitos de cultura. De haber tan solo golpeado con sus puños una o dos veces (de una manera civilizada, quiero decir) sobre la mesa del editor, este no se habría atrevido a publicar su periódico con las hojas pegadas.

He aquí el motivo por el cual aun esas cuestiones triviales, como el cortado de las hojas de un diario o la encuadernación de los libros, deben ser minuciosamente investigadas y ampliamente discutidas en público. Éste es un medio educativo de elevar el nivel de cultura de las masas.

Y con más razón todavía se aplica todo lo dicho a la complicada red de las relaciones íntimas de la vida personal y familiar. Nadie, en realidad, imagina que el gobierno soviético va a edificar viviendas admirablemente equipadas, comunidades provistas de toda clase de confort, a invitar al proletariado a abandonar los sitios donde actualmente habita para comenzar a vivir en las nuevas condiciones. Suponiendo incluso que esa gigantesca empresa pueda realizarse (lo que, por supuesto, no está en discusión), ello en nada ayudaría. El pueblo no puede ser coaccionado a adoptar los nuevos hábitos de vida; estos deben madurar gradualmente en él como lo hicieron sus viejas costumbres. O bien debe deliberada y conscientemente crearse una nueva forma de vida, tal como lo hará en el futuro. La reorganización de la vida debe y puede ser iniciada ya mismo gracias a los medios provistos por los salarios pagados en las actuales condiciones de nuestro sóviet. Cualesquiera sean estos salarios, el manejo de la casa en forma comunitaria es mucho más práctico que el de cada familia por separado. Una sola cocina en una amplia sala ensanchada a expensas de dos o tres habitaciones contiguas es una disposición más provechosa que cinco, por no hablar de diez cocinas separadas. Pero si los cambios deben ser efectuados por iniciativa de las masas con el apoyo de las autoridades, es obvio que un vago «sentido de sociabilidad» no podrá por sí mismo llevarlos a cabo. Nuestro deber es procurarnos una clara comprensión de las cosas tal como son y tal como deberían ser. Sabemos cuán enormemente se ha beneficiado el desarrollo de la clase trabajadora gracias al reemplazo de los convenios personales por los colectivos, y qué trabajo minucioso deben realizar los gremios, cuán cuidadosamente deben ser discutidas para llegar a un acuerdo todas las cuestiones y detalles técnicos en las reuniones de delegados y demás asambleas. El reemplazo de las viviendas separadas por aquellas donde varias familias llevan una vida de hogar en común es mucho más complicado y de importancia fundamental. El viejo tipo de vida familiar recluida se ha desarrollado a espaldas del pueblo, mientras que una nueva vida fundada sobre bases comunitarias necesita para su aparición de un esfuerzo consciente por parte de todos los que participan en el cambio. El primer paso hacia un nuevo orden de vida debe consistir, por lo tanto, en hacer evidente la contradicción entre las viejas costumbres y las nuevas exigencias de la vida, contradicción que se hace cada vez más intolerable. Esta es la tarea que el partido revolucionario debe cumplir. La clase trabajadora debe ser consciente de las contradicciones que se dan en el seno de la vida familiar, debe hacer que el núcleo del problema devenga plenamente inteligible y cuando esto se logre, aunque no fuese más que a través de los elementos más avanzados de la clase, ninguna inercia de los burócratas soviéticos se levantará contra el claro designio del proletariado

Para dar fin a esta polémica contra los puntos de vista burocráticos en lo concerniente a los problemas de las formas de vida, traeré a colación una anécdota ilustrativa del camarada Karchevski, quien trató de abordar el problema de la reforma de la vida doméstica por métodos de cooperativas.

En el día de la cooperación internacional —escribe Karchevski (estoy citando una carta dirigida a mí)— he hablado con mis vecinos de piso, gente muy humilde de la clase trabajadora. Al comienzo nada parecía propicio. «Abajo las cooperativas», dijeron. «¿Qué utilidad tienen? ¡Cargan los precios más que en los mercados, y hay que caminar leguas antes de llegar a uno de esos abastecimientos!». Y así continuaron. Ensayé, pues, otro método. «Bueno» dije, «supongan que nuestro sistema cooperativo está equivocado en un 90%. Pero analicemos la idea y los fines de la cooperación y, con el fin de considerar y lograr una mejor comprensión de nuestros hábitos de propiedad, prestemos atención en primer lugar a nuestros intereses y necesidades». Por supuesto, todos convinieron en la necesidad de un club, una guardería, una cocina común, una escuela, una lavandería, un patio de juegos para los niños, etc. Veamos cómo podemos conseguir todo eso. Entonces uno de ellos, sumamente nervioso e irritado, gritó: «Usted dice que vamos a tener una comunidad adecuadamente equipada, pero todavía no vemos nada de eso». Lo detuve: «¿Quién es usted? Aquí todos nos hemos puesto de acuerdo sobre la necesidad de contar con estas instituciones bien organizadas. ¿No acaba usted de lamentar que los chicos deban soportar la humedad de su departamento demasiado bajo, y que su mujer se siente atada como una esclava a la cocina? El cambio de estas condiciones es el deseo compartido por todos nosotros. Intentemos manejar mejor las cosas. ¿Cómo lo haremos? Hay ocho pisos en nuestro edificio. El patio interior es pequeño. Faltan habitaciones para muchas cosas necesarias y cualquier cambio que intentemos realizar resultará demasiado costoso». Comenzó a discutirse la cuestión. Yo hice una sugerencia: «¿Por qué no formar una comunidad más grande, el distrito, y reunir nuestras fuerzas para la consumación de nuestro proyecto?». Las sugerencias comenzaron a fluir inmediatamente y se discutieron toda suerte de posibilidades. Un hombre, con un punto de vista un tanto burgués sobre la propiedad, hizo un ofrecimiento muy característico: «La propiedad privada de las viviendas se ha abolido», dijo. «Derribemos los cercos y construyamos un pozo ciego para todo el distrito». Y otro agregó: «Podemos

instalar en el medio un patio de juegos para los niños».
Luego llegó un tercero con una sugerencia: «Pidamos
a las autoridades soviéticas que nos den una gran casa
en el distrito, o al menos ingeniémonos de alguna
manera para conseguir un local para un club y una
escuela». Luego se hicieron más pedidos y sugerencias:
«¿Y qué acerca de una cocina común y una guardería?
Ustedes los hombres solo piensan en sí mismos —eso
vino de las mujeres—, para nada piensan en nosotras».

Ahora, cada vez que los encuentro, me preguntan,
en especial las mujeres: «¿Qué hay de su plan? Comencemos la tarea. ¿Acaso eso no sería más conveniente?» Proponen convocar a una reunión de distrito
para discutir el asunto. Cada distrito cuenta con unos
diez o veinte comunistas que viven en él, y tengo la
esperanza de que con el apoyo del partido y las instituciones de los sóviets; tendremos la posibilidad de
hacer algo...

Este caso concuerda con la idea general que he
expuesto y muestra cuán conveniente es que los
problemas de la vida cotidiana sean desgranados por
los molineros del pensamiento proletario colectivo.
Los molineros son fuertes y podrán dominar todo
aquello que les sea dado para desgranar.

Y la anécdota nos deja otra lección.

«Ustedes solo piensan en sí mismos —dijeron las
mujeres al camarada Karchevski— y para nada piensan en nosotras». Es bastante cierto que en la esfera
de la vida cotidiana el egoísmo de los hombres no
tiene límites. Si en realidad queremos trasformar las
condiciones de vida, debemos aprender a mirarlas a
través de los ojos femeninos. Esto corresponde, sin
embargo, a otro problema; espero en otra oportunidad tener con ustedes una charla sobre el tema.

XI. CÓMO EMPEZAR

Los problemas de la vida de la clase trabajadora, en especial los problemas de la vida familiar, han empezado a interesar, digamos más bien a preocupar, a los corresponsales de los diarios de la clase trabajadora. En gran medida este interés ha surgido inadvertidamente.

El aventajado corresponsal de los diarios de la clase trabajadora halló grandes dificultades en sus tentativas de describir la vida. ¿Cómo abordar el problema? ¿Cómo empezar? ¿Hacia dónde dirigir la atención? La dificultad no es de estilo literario —ese es un problema aparte— sino que surge del hecho de que el partido no ha considerado todavía específicamente los problemas relacionados con la vida cotidiana de las masas trabajadoras. Nunca hemos abordado concretamente estas cuestiones como, en muchas oportunidades, hemos discutido en cambio cuestiones de salarios, índices, duración de la jornada de trabajo, la persecución policial, la construcción del Estado, la propiedad de la tierra, etc. Aún no hemos hecho nada semejante con respecto a la familia y a la vida privada del trabajador. Al mismo tiempo, este aspecto no carece de importancia y merece nuestra atención, simplemente por el hecho de ocupar dos tercios de la vida, dieciséis de las veinticuatro horas del día. Ya advertimos en este terreno el peligro de una grosera, casi brutal tentativa de interferencia en la vida privada del individuo. En algunas ocasiones, por fortuna no muchas, los corresponsales de los trabajadores tratan las cuestiones de la vida familiar como las de la producción fabril; así, por ejemplo, cuando escriben sobre la vida de esta o aquella familia, cada miembro de la misma es llamado por su nombre. Este hábito es erróneo, peligroso e inexcusable. Un director desempeña una función pública. Lo mismo ocurre con un miembro del comité de trabajadores. Los que tienen este tipo de oficio están continuamente expuestos a la vista del público, y son objeto de libre crítica. Con respecto a la vida familiar, la situación es muy diferente.

Por supuesto, la familia también llena una función pública. Conserva la población y en parte educa a la nueva generación. Visto desde este ángulo, el Estado de los trabajadores tiene todo el derecho de tomar las riendas del control y la regulación de la vida familiar en cuestiones relacionadas con la higiene y la educación. Pero el Estado debe llevar a cabo con gran precaución sus incursiones en la vida familiar; debe hacerlo con gran tacto y moderación; su intervención debe tener como único fin acordar a la familia condiciones de vida más normales y dignas; debe garantizar las necesidades sanitarias y otros intereses de los trabajadores, creando de este modo las bases para generaciones futuras más sanas y felices.

Al igual que para la prensa, su incursión casual y arbitraria en la vida familiar, cuando la misma familia no manifiesta ningún interés, resulta absolutamente intolerable.

La inoportuna y grosera incursión por parte de la prensa en la vida privada de las personas conectadas por lazos familiares, que no tiene una adecuada explicación, solo puede aumentar el grado de desconcierto general y provocar grandes daños. Por otra parte, como una información de ese tipo está prácticamente fuera de todo control, debido al carácter

extremadamente privado de la vida familiar, el trata-
miento periodístico de esos temas puede convertirse, en manos inescrupulosas, en un instrumento para
ventilar asuntos privados, ridiculizar, extorsionar o
realizar cualquier tipo de venganza personal.

En algunos de los artículos recientemente publicados sobre cuestiones de la vida familiar se me ha
cruzado la idea, a menudo reiterada, de que no solo
las actividades públicas, sino también la vida privada
de sus miembros es importante para el partido. Este
es un hecho indiscutible. Más que nada si se tiene
en cuenta que las condiciones de la vida privada se
reflejan en las actividades públicas del hombre. El
problema consiste en saber cómo influir en la vida
del individuo. Si las condiciones materiales, el grado
de cultura, la situación internacional obstaculizan e
impiden la introducción de una trasformación radical de la vida, entonces la revelación pública de las
familias en cuestión, los padres, maridos y esposas,
etc., no tendrá ningún efecto práctico y amenazará
con sumergir al partido en la hipocresía, enfermedad peligrosa y que tiende a propagarse. Como el
tifus, la hipocresía manifiesta diferentes modalida-
des. Algunas veces la hipocresía brota de las causas
más nobles y de una sincera aunque equivocada
atención a los fines del partido; fines, sin embargo,
que muy frecuentemente son utilizados como pantalla de otros de mayor peso: intereses de grupo, de
departamento o personales. Despertar mediante exhortaciones el interés público por los problemas de
la vida familiar envenenará sin duda el movimiento
con el nocivo veneno de la hipocresía. Una cuida-
dosa investigación de nuestra parte en el dominio
de las costumbres de la vida familiar ha de tener
por finalidad ampliar los conocimientos del partido

en este terreno. Psicológicamente debe mejorar al individuo y favorecer una nueva orientación de las instituciones estatales, gremios y unidades cooperativas. Bajo ninguna condición ha de incitar a la hipocresía.

¿Cómo, bajo tales circunstancias, poner a la luz las cuestiones de la vida familiar? ¿Cómo empezar?

Hay dos caminos fundamentales. El primero, por medio de artículos y anécdotas populares. Todo trabajador juicioso y maduro conserva en su memoria una suma de impresiones de la vida familiar. Estas son refrescadas por las observaciones realizadas a diario. Con este material como base podemos redactar y publicar artículos concernientes a la vida familiar como un todo, así como a sus trasformaciones, o a algunos aspectos particulares de la misma, y presentar los ejemplos más contundentes sin mencionar por su nombre ni una sola familia o persona. Cuando sea preciso mencionar nombres de familias o lugares, ellos habrán de ser ficticios, de manera que ningún particular pueda ser asociado a los mismos. Conforme a este modelo, han aparecido recientemente en *Pravda* y en publicaciones provinciales muchos artículos de gran valor e interés. El segundo método consiste en tomar a una familia real, ahora por su nombre, conforme a la figura que representa en la opinión pública. Las catástrofes que ocurren en una familia son las causas que llevan a esta a la esfera de la opinión y juicio público; tales son, por ejemplo, los asesinatos, suicidios, casos legales como resultado de los celos, la crueldad, el despotismo de los padres, etc. Así como los estratos de una montaña son mejor percibidos en un desprendimiento, las catástrofes familiares ponen también en gran relieve las características comunes a miles de familias que han logrado escapar a ellas. Ya hemos mencionado al pasar que nuestra prensa no tiene derecho alguno de ignorar los acontecimientos que agitan precisamente a nuestra colmena humana. Cuando una esposa abandonada apela a la corte para compeler a su marido a contribuir al mantenimiento de los hijos; cuando una mujer busca protección pública a raíz de la crueldad y violencia de su marido; cuando el mal trato de los padres hacia los hijos pasa a ser asunto de consideración pública, o viceversa, cuando los afligidos padres se quejan de la crueldad de sus hijos, la prensa no solo tiene el derecho sino también el deber de ocuparse del asunto y arrojar luz sobre tales situaciones, en tanto la corte u otras instituciones públicas no les consagran la suficiente atención. Los hechos que han salido a la luz como resultado de un procedimiento judicial no han sido aprovechados lo suficiente para abordar los problemas de la vida. Sin embargo, ellos merecen un lugar especial. En un período de trastorno y reconstrucción de las relaciones personales de la vida cotidiana, el tribunal soviético debe convertirse en un importante factor en la organización de las nuevas formas de vida, así como en la evolución de los nuevos conceptos de lo justo y lo injusto, de la verdad y el error. La prensa debe continuar la acción de la corte, esclarecer y completar su trabajo y, en cierto sentido, conducirla. Esta proporciona un gran campo para las actividades educativas. Nuestros mejores periodistas deben preparar y divulgar una especie de folleto con material informativo sobre los procedimientos judiciales. Por supuesto, los métodos usuales patentados por los periodistas quedan descartados en este caso. Necesitamos imaginación y necesitamos conciencia. Un enfoque comunista, por ejemplo, un enfoque público, amplio y revolucionario de los problemas de la familia, en ningún sentido excluye la psicología y la consideración del individuo y su mundo interior.

Citaré aquí un pequeño ejemplo de las provincias que recientemente acaba de llegar a mi conocimiento. En Piatigorsk, una muchacha de diecisiete años se pegó un tiro porque su madre le negó su consentimiento para casarse con un comandante del Ejército Rojo. Al comentar el suceso, el periódico local, *Terek*, termina inesperadamente su nota reprochando al comandante del Ejército Rojo que estuviese dispuesto a unirse a la hija de una familia tan reaccionaria. Decidí escribir una carta al editor, expresándole mi indignación, y no en defensa del comandante, a quien yo no conocía, sino para exigirle una correcta exposición del caso. Sin embargo, no tuve necesidad de enviar la carta, ya que dos o tres días más tarde apareció en el mismo periódico otro artículo sobre el tema que trataba el caso con mayor precisión. Las nuevas relaciones de la vida cotidiana deben ser construidas con el material humano que tenemos a nuestra disposición; el comandante del Ejército Rojo no está excluido de ese material; los padres, como es natural, tienen derecho a interesarse por el destino de sus hijos e influir sobre el mismo con su experiencia y consejo, pero los jóvenes no tienen ninguna obligación de someterse a la voluntad paterna, particularmente en la elección de sus amigos o de su cónyuge; el despotismo de los padres no debe ser combatido mediante el suicidio, sino por la reunión de los jóvenes para una acción vigorosa, por la tolerancia mutua, etc. Todo esto es muy elemental pero absolutamente cierto. No cabe duda de que un artículo de este tipo acerca del acerbo suceso que sacudió a la pequeña ciudad contribuyó a estimular en más alto grado el pensamiento y la sensibilidad del lector, especialmente del joven lector, que las irritadas expresiones acerca de los elementos pequeñoburgueses, etcétera.

Los camaradas que sostienen que «arrojar luz» sobre las cuestiones de la vida familiar carece de importancia, como «todos» sabemos, y creen que desde mucho tiempo atrás tienen el problema resuelto, se engañan en forma espantosa. Simplemente olvidan que en el aspecto político tenemos una buena proporción de terreno cultivado. Si la vieja generación, que es cada vez más reducida, aprendió el comunismo en los acontecimientos que caracterizaron la lucha de clases, la de hoy en cambio está destinada a aprenderlo y desarrollarlo en los factores de construcción de la vida cotidiana. En principio, las fórmulas de nuestro programa son correctas. Nos toca a nosotros ponerlas continuamente a prueba, renovarlas, llevarlas al plano de la experiencia práctica y extenderlas a una esfera más amplia.

El establecimiento de las nuevas bases para la renovación de las costumbres llevará mucho tiempo y requerirá mayor concreción y especialización. Así como tenemos nuestros agitadores de las masas, nuestros agitadores de las industrias, nuestros propagandistas antirreligiosos, debemos formar a nuestros propagandistas y agitadores en cuestiones de costumbres. Como las mujeres son las más desposeídas debido a sus presentes limitaciones y la costumbre gravita con más peso sobre sus hombros, podemos presumir que en este aspecto los mejores agitadores saldrán de sus filas. Necesitamos gente entusiasta, fanáticos, individuos de horizontes suficientemente amplios, que sabrán cómo habérselas con la tenacidad de la costumbre, que traerán consigo consideraciones originales de cada particularidad, de cada detalle y pequeñez concernientes a las trabas que impone la costumbre familiar y que suelen resultar imperceptibles a simple vista. Por cierto, esa gente ha de llegar, ya que las necesidades y problemas del presente son de naturaleza incendiaria. Esto no significa que inmediatamente logremos mover montañas. No. No nos es posible escapar a las condiciones materiales. Sin embargo, todo ello puede alcanzarse dentro de las actuales condiciones, se logrará cuando rompamos la cárcel de silencio en que se hallan prisioneras nuestras costumbres actuales.

Es preciso acelerar la formación de los agitadores que actuarán en contra de la costumbre y facilitarles al mismo tiempo su tarea. Es urgente la fundación de una biblioteca donde se reunirá todo lo que se encuentre a mano vinculado con la vida cotidiana —los trabajos clásicos sobre la evolución de la familia y escritos populares sobre la historia de los usos y costumbres — y llevar a cabo una investigación en los diferentes aspectos de la vida diaria. También tendremos que traducir todo elemento valioso que sobre el tema haya aparecido en idiomas extranjeros durante los últimos años. Más tarde podremos dedicar y desarrollar secciones al respecto en nuestros periódicos. ¿Quién sabe? Acaso en uno o dos años nos sea posible organizar un curso de lecturas sobre estas cuestiones.

Pero todo esto concierne solo a la educación, propaganda, prensa y literatura. ¿Cuáles serían, pues, nuestras obligaciones en el terreno práctico? Algunos camaradas exigen la inmediata creación de una liga para la inauguración de las nuevas formas de

vida. La idea me parece prematura. El suelo no está
lo suficientemente preparado, las condiciones generales aún no son del todo propicias. Hablando en
términos generales, la creación de tal instrumento
organizativo se hará indispensable de un momento
a otro. No podemos darnos el lujo de esperar que
todo nos venga de arriba como producto de una
iniciativa del gobierno. La nueva estructura institu-
cional debe imponerse simultáneamente en todos
los ámbitos. El Estado proletario es la estructura
material, no la estructura misma. La importancia de
tener un gobierno revolucionario en un período
de transición es inconmensurable; hasta los sectores
más avanzados del anarquismo revolucionario han
empezado a comprenderlo gracias a nuestra experiencia. Pero esto no significa que toda la tarea de
reconstrucción deba estar a cargo del Estado. El fe-
tichismo estatal, aun cuando se trate de un Estado
proletario, no nos trasforma en marxistas. Incluso
en lo concerniente a los armamentos, dominio que
compete más específicamente al Estado, debimos
recurrir (y con gran éxito) a la iniciativa voluntaria
de los trabajadores y campesinos. La tarea preliminar
en el desarrollo de la aviación fue también realizada
sobre esas bases. No cabe duda de que la Sociedad
de Amigos de la Flota Aérea tiene un gran futuro
por delante. Los grupos y asociaciones voluntarios
de carácter local o federal, en el dominio de la industria, la economía nacional y particularmente en
lo referido a las costumbres, están destinados a desempeñar un papel de suma importancia. Ya hoy se
perfila una notoria tendencia hacia una libre cooperación de parte de los jefes rojos, periodistas, escritores, proletarios y campesinos, etc. Recientemente
se ha creado una liga que tiene por fin un estudio

exhaustivo de la Unión Soviética y el ulterior motivo de influir sobre lo que se ha dado en llamar el carácter nacional. Se ha pensado, por ejemplo, que tarde o temprano —más bien temprano que tarde— el Instituto de Cinematografía Estatal será apoyado por una «Sociedad de amigos del cine rojo» fundada últimamente y destinada a transformarse en una poderosa institución revolucionaria.

Asociaciones voluntarias de ese tipo solo pueden ser bien recibidas. Marcan el despertar de las actividades públicas de diferentes sectores de la comunidad. Por supuesto, la estructura socialista es, sobre todo, una estructura acorde con un plan. No se trata de un plan que, a priori, pueda verlo y abarcarlo todo, un plan preconcebido y con todos los detalles resueltos antes del comienzo de las operaciones, sino de un plan que, si bien está pensado en sus elementos esenciales, es verificado y mejorado en su funcionamiento y se va haciendo más vital y concreto a medida que la iniciativa general va evolucionando y creciendo en perspectivas. En toda la extensión del plan estatal se abre un vasto campo de actividades para asociaciones voluntarias y unidades cooperativas. Entre los muchos millones de habitantes que constituyen nuestra población hay incontables intereses, fuerzas y energías, una centésima parte de los cuales no pueden ser utilizados por el Estado, pero que, en cuanto se pueda hallar la fórmula necesaria para organizar sus habilidades, podrán ser utilizados para realizar un trabajo excelente, hombro con hombro con el Estado. Una genuina primacía de la creatividad en la acción organizadora, especialmente en nuestro «período cultural», debe apuntar a descubrir adecuados caminos para la utilización de las energías constructivas de las personas, grupos particulares y unidades cooperativas, y debe fundarse en el notorio incremento de las actividades independientes de las masas. Muchas de estas asociaciones voluntarias se destruirán o se trasformarán, pero, en general, su número crecerá a medida que nuestra labor se expanda y profundice. Entre ellas, la liga para la inauguración de las nuevas formas de vida, trabajando en colaboración con el Estado, los sóviets locales, los gremios y sobre todo con las unidades cooperativas, ocupará, por cierto, el primer lugar. Sin embargo, en este momento, la creación de dicha organización central es todavía prematura. Resulta más electivo constituir en las fábricas agrupaciones locales para el estudio de cuestiones vinculadas con la vida de la clase trabajadora, de manera que las actividades de estos grupos tengan un carácter totalmente voluntario.

Es preciso que prestemos mayor atención a los hechos de la vida cotidiana. Sería conveniente que, allí donde las condiciones materiales o espirituales ayuden a su éxito, se realicen ensayos experimentales. La extensión de los límites de un edificio de departamentos, de un grupo de viviendas, de un distrito, todo ello favorecerá el progreso práctico. Las asociaciones iniciales tendrán un carácter local. Deben darse a sí mismas tareas definidas tales como el establecimiento para grupos de viviendas, de guarderías, comedores públicos, lavanderías, etc. El mejoramiento de las condiciones materiales y una mayor experiencia permitirán un campo de actividades más amplio. Para resumir, diremos que lo que en este momento necesitamos es competencia, iniciativa y eficacia.

La primera tarea, la más profunda y urgente, es la de romper el silencio que rodea a los problemas de la vida cotidiana.

ANEXO 1

PREGUNTAS Y RESPUESTAS SOBRE EL MODO DE VIDA OBRERO

En la introducción ya hemos señalado que el material principal de esta obra nos había sido proporcionado por una discusión con un grupo de agitadores y de propagandistas moscovitas.[1]

Son ellos los que proporcionaron unas respuestas escritas a las preguntas que yo les había formulado. Para apoyar ciertas conclusiones de este folleto, considero útil ofrecer aquí los pasajes más significativos de las actas taquigráficas de la reunión, así como algunos extractos de encuestas. En mi opinión, este material posee un interés particular.

1 Antonov, obrero de los talleres ferroviarios de la línea Octubre; Boris-sov, secretario de célula en la fábrica Dínamo; Gordeev, jefe de la sección de agitación del comité del distrito de Orejov-Zuiev; Gordon, jefe de la sección de organización del comité del barrio Sokolniki; Dorofeev, secretario del sóviet de Moscú; Zajarov, secretario del comité del barrio Rogojski-Simonov; Ivanov, miembro de la célula de la fábrica La Comuna de París; Kazakov, secretario de célula en la fábrica La Comuna de París; Kazanski, secretario de célula en la fábrica La Estrella Roja; Koboziev, secretario de célula en la fábrica Oziorski, del distrito de Kolomenskoie; Koltsov, miembro del comité de Moscú; Korobitsin, obrero de la fábrica AMO; Kulkov, secretario de célula en la fábrica El Proveedor Rojo; Lagu-tin, miembro del comité directivo de la fábrica La Estrella Roja; Levitski, presidente del comité directivo de la fábrica Geofísica; Lidak, miembro de la comisión de control del comité de Moscú; Lissenko, organizador de los grupos de ferroviarios en el comité del barrio Krassno Pressenski; Marinin, secretario de célula en la fábrica Ruskabel; Markov, presidente de la sección del Sindicato de los Obreros Textiles; Ossipov, organizador del grupo en el barrio de Bausmanski; Osnas, obrero de la fábrica eléctrica El Año 1886; Stankievitch, primer tipógrafo modelo; Finovski, agitador del comité de Moscú Komsomol; Zeitlin, director de la sección femenina del comité de Moscú; Alexev, presidente del comité de los ferroviarios de la línea de Kazan.

Pregunta I

¿Qué tipo de libros y de folletos son solicitados preferentemente?

¿Qué clase de libros faltan más específicamente en las bibliotecas de las fábricas?

¿Leen literatura los obreros?

¿Cuáles son los autores más populares?

¿Se cuenta con una cantidad suficiente de obras literarias?

Respuestas

Lissenko.– Existen pocos libros en las bibliotecas de las fábricas; además, están mal encuadernados, sin cubierta, y el papel y la impresión son de mala calidad.

Kazakov.– Se nota un gran interés por aquellas obras en las cuales los problemas están planteados de manera más simple y concisa, y que están impresos en caracteres grandes. Las bibliotecas están llenas de lo que se les ocurra, menos, por cierto, de obras adaptadas a los obreros.

Ivanov.– Existe mucha demanda de las obras de Rubakin, pero solo se dispone de un número muy pequeño de ellas. En lo referente a la literatura antirreligiosa, las más solicitadas son las obras de Demián Bedny.[1]

Osnas.– Respecto de la literatura revolucionaria, se lee lo que está escrito de modo más vivaz y

---

1 Demián Bedny (1883-1945) fue uno de los primeros poetas proletarios que hizo de su obra un instrumento de propaganda y de agitación. Sus grandes poemas antirreligiosos son *La Tierra Prometida* (1920) y *El Nuevo Testamento del evangelista D. Bedny* (1925).

cautivante (Svertchkov, Chapovalov). Algunas
personas leen *La revolución proletaria*.

La seriedad del periódico crea rechazo en el
lector, al igual que la ausencia de índices, lo que
implica dificultades para comprender los acontecimientos y torna incomprensibles las memorias.

Las obras literarias más solicitadas por los obreros adultos son las de Upton Sinclair. Sirviéndonos de la experiencia y la visión del mundo del
obrero surgido de la revolución, es preciso editar
obras de divulgación de la teoría marxista y ma-
terialista.

Markov.- Para habituar al obrero a la lectura, es
importante describir, sin que resulte tedioso, los
sufrimientos y las dificultades de los camaradas
que lucharon por la causa obrera en la época de la
clandestinidad, que fueron enviados al exilio, que
huyeron de él, es menester relatar cuáles fueron
sus aventuras en medio de todo eso,[1] etc.

---

1 ¡Exactamente! Es necesario que la juventud, y no solo la juventud, tome
conocimiento de las luchas revolucionarias del pasado, relatadas en forma
de epopeyas y con ejemplos igualmente épicos. La historia del partido
desempeñó un trabajo de enorme importancia, pero los documentos y los
materiales que recopila están solamente destinados a un pequeño número
de lectores. El futuro historiador, sobre la base de ese material, escribirá un
libro completo (que sin duda no será el único) sobre la historia de nuestro
partido. Sin embargo, no podemos esperar a la publicación de esa obra exhaustiva. Desde este mismo momento necesitamos ensayos vivos a partir de
dichos materiales: biografías escritas en forma de poemas épicos y capítulos
aislados de nuestra novela revolucionaria colectiva, la más cautivante de todas las novelas de la historia. Se debe impulsar a los artistas, a los novelistas,
a los poetas de inspiración revolucionaria a desarrollar este tema. El pequeño libro de John Reed, *Diez días que conmovieron al mundo*, representa en
verdad un elemento extremadamente precioso de la biblioteca de la joven
generación. Monografías, biografías, ensayos históricos revolucionarios de
ese tipo, con un contenido dramático, competirán fácilmente con la escasa
literatura revolucionaria o semirrevolucionaria. Aquellos tienen sobre esta
última la ventaja de que es la vida misma la que ha escrito en ellos las intrigas y los desenlaces. (León Trotski)

ANTONOV.- Se necesitan bibliotecas ambulantes para los talleres.

KULKOV.- Se solicitan obras de economía política, folletos sobre la nueva reglamentación de la explotación de las tierras, libros que versen sobre la vida cotidiana, sobre problemas de higiene, sobre cuestiones de adaptación al trabajo, sobre las relaciones entre padres e hijos, acerca del modo de disminuir los gastos diarios para un determinado salario, sobre la organización sindical y soviética. Todo esto debe ser explicado breve, claramente, por medio de esquemas. Para los comunistas políticamente poco formados, no existe literatura exhaustiva acerca del partido, del materialismo histórico, del movimiento sindical, etc. No hay documentación pertinente para esos temas. Hay muy pocas ediciones completas de las obras de Bedny.

LAGUTIN Y KAZANSKI.- El porcentaje de los obreros que leen es poco elevado. Entre los comunistas, ese porcentaje es aún menor (siempre están ocupados en asambleas, etcétera). Existe una demanda muy fuerte de obras literarias de carácter épico, consagradas a la revolución. La juventud no manifiesta ningún interés por Dostoievski. La literatura política parece difícil de leer. Por doquier se piden obras especializadas: sobre la técnica, sobre la economía, sobre el modo de vida obrero. Se nota una gran atracción por la literatura científica (astronomía, origen de la Tierra, aparición del hombre). La literatura antirreligiosa es muy bien aceptada.

GORDEEV.- Me acuerdo de cómo la literatura popular se difundió en el Ejército Rojo. Un día llegó un hombre del campo, que sabía que el patriarca

Tijon había maldecido a los bolcheviques; por otra parte, los poemas antirreligiosos de Demián Bedny eran por entonces la forma de literatura más popular. Se leían sus obras hasta que estas caían en jirones. El buró político y el comité central del partido pueden decirle a Bedny que vuelva de vacaciones para escribir obras antirreligiosas. Hasta el presente, los campesinos han leído sus obras de forma masiva. Existe sin duda otra literatura: consagrada a la creación del mundo y a la aparición de los mitos. Pero si esos mitos fuesen expuestos por Bedny en un bello poema, serían más accesibles al obrero y al campesino. Bedny posee el arte de transformarlo todo, y es hora de que vuelva de licencia; de lo contrario, va a escribir a *Cocodrilo*[1] para decirle que ha sido jubilado por el RVSR.[2]

KULKOV. ¿Cuál es la situación del campesino? Nosotros hemos revisado las bibliotecas y no hemos encontrado ninguna obra referida a los problemas agrícolas, y, sin embargo, esos son los problemas que ante todo le interesan. Antes, posiblemente no tuviese ninguna vaca, pero en la actualidad la escasez de víveres le ha llevado a adquirir una vaca y un caballo y debe saber cómo ocuparse de ellos lo mejor posible. No tenemos necesidad de tratados de 200 o 300 páginas; basta con que se expliquen los problemas en dos o tres páginas, pero de modo comprensible. Lo mismo puede decirse respecto de los obreros.

OSSIPOV.- Los obreros se remiten enormemente a los libros cuando la discusión versa sobre los

---

1 *Cocodrilo*: revista satírica.
2 RVSR: siglas en ruso del Sóviet Revolucionario del Ejército de la República (1918-1922).

problemas de la familia. Discusiones de ese tipo son muy frecuentes, y en el curso de las mismas es necesario remitirse a un folleto. Yo no conozco ninguno y, sin embargo, ese tipo de folletos, aun sucintos y limitados, pero que podrían ser leídos por un gran número de personas, son extremadamente necesarios.

LISSENKO.- Ahora hablemos de lo que ocurre en la calle. Rara vez nos interesamos en los niños que hacen allí barrabasadas, ni en los espectáculos —edificantes o perniciosos— que nos ofrece la calle. Por ejemplo, unos niños juegan «al Ejército Rojo»: aunque esto sea tachado de militarismo, está bien; pero otras veces es muy diferente, ellos tienen otros juegos, menos saludables, y nadie les dice nada. Hay que saber abordar este problema con el objeto de dirigirlos; es preciso saber qué se les puede dar para que lean —posiblemente obras consagradas a la cultura física o a otros temas más útiles—. Según mi opinión, es importante prestar atención a problemas insignificantes, ya que a menudo se nos repite que decimos sin cesar que hay que estar más cerca de la vida. Es necesario interesarse en las pequeñas naderías de la vida cotidiana.

MARKOV.- Debo confesar que he leído tantas obras parecidas entre sí que estoy harto de esta ración, aunque sea buena. A menudo se dice que «demasiado es enemigo de lo bueno». Aquí ocurre lo mismo. Miren nuestra literatura: no se encuentran más que artículos científicos que hacen desviar la vista. Si se echa un vistazo a los periódicos, es lo mismo. Sinceramente se recorre el periódico y, si se lo deja un momento, se olvida uno no solo en qué párrafo o en qué frase se detuvo, sino también qué artículo se estaba leyendo. Hay una falta absoluta de diversidad. Hace poco descubrí un librito de Svertchkov, creo, titulado *Cinco años de revolución*. Yo no tenía tiempo de leer, estaba abarrotado de trabajo; en casa recorro rápidamente los principales artículos del periódico, pero me resultó imposible sustraerme a dicho libro. Leía el periódico en el trabajo, durante el descanso, y el libro en mi casa. Había resuelto leer solamente diez minutos antes de dormirme, pero cuando tomaba ese pequeño libro me olvidaba de dormir.

A menudo debo tomar la palabra en asambleas generales de obreros. Cuando hablo de la concentración, del mejoramiento de la industria, me dicen: ¿por qué no hay materias primas, qué se ha hecho de ellas?, ¿se las han robado? Nadie ha puesto el acento sobre algo tan evidente. Por cierto, se habrá intentado, pero incluso yo mismo no entiendo por qué faltan materias primas. Antes se incriminaba a la estación o a la guerra; pero entonces, ¿por qué hay escasez aún en 1923? Ya no hay guerra. ¿Cómo cultivar el algodón? ¿Qué es lo que se necesita para hacerlo? Este problema, tan importante para la provincia de Moscú, nadie ha tratado de exponerlo claramente, nadie se ha decidido a explicar cómo se sembraba el algodón, por qué no hay y dónde hay que sembrarlo.

Pregunta 2

¿Qué periódicos leen los obreros con mayor gusto?
¿Qué leen sobre todo los obreros?
¿Qué temas hay que desarrollar?

Los despachos de la agencia ROSTA, ¿son accesibles a los lectores obreros?

En ese campo, ¿no es preciso trasformar radicalmente el carácter de nuestra información telegráfica?

¿Qué incremento conoce la prensa especializada?

¿Es leída por los obreros?

RESPUESTAS

MARININ.– Los obreros se quejan de la mala calidad de la prensa (de la impresión).

KAZAKOV.– La prensa profesional difícilmente se lee. Ocurre que debemos difundirla utilizando subterfugios, es decir, artificialmente.

MARKOV.– En los periódicos falta una sección donde se expliquen los hechos y las palabras incomprensibles; es por eso que los obreros se desinteresan de los periódicos.

DOROFEEV.– Es necesario hablar más a menudo del nivel de la agricultura (horticultura, cultivo de los campos, etc.) en Europa, por ejemplo en Alemania, aunque no sea más que para compararla con nuestra agricultura primitiva.

Es importante describir el modo de vida de los obreros en Occidente, su cultura en general, sus condiciones de vivienda, el modo como utilizan su tiempo libre, su espíritu revolucionario.

No hay que escribir artículos tan generales como los que habitualmente se leen.

KOLTSOV.– Sería deseable reservar una página para la vida íntima (el modo de vida cotidiano) del obrero medio, y es preciso editar un pequeño periódico, aunque sea semanal, de carácter científico, con una sección de educación política.

Antonov.- Cuando se lee *La Sirena*, se empieza ante todo por las misceláneas.

Hay pocos artículos científicos comprensibles para los obreros. Es menester limitar al máximo los despachos.

El desarrollo de los periódicos murales de interés local, en cuya redacción participan los obreros mismos, rápidamente va a mostrar los lados positivos y negativos del trabajo periodístico.

Finovski.- En los despachos de la agencia ROSTA, es importante sobre todo precisar claramente el origen del despacho y subrayar quién es su autor. Esto a menudo es un misterio para los obreros, que ignoran a veces quién les trasmite la información —si obreros como ellos u otras personas—. Al final o al comienzo del despacho habría que dar una breve apreciación, cosa que trasformaría en parte el carácter de la información cablegráfica.

Zajarov.- Los despachos de la agencia ROSTA no siempre son comprensibles. Están escritos por corresponsales que acostumbran utilizar palabras cuya explicación inclusive no se entiende en el diccionario. Resulta importante entonces transformar los despachos teniendo en cuenta el hecho de que vocablos tales como «provincia», «plaza de armas», «piscina», no siempre son comprendidos por los obreros, quienes igualmente no siempre tienen grandes conocimientos de geografía.

Kulkov.- En general, los obreros no entienden los despachos porque ignoran en qué consiste una agencia de prensa extranjera. Es necesario brindar una mínima explicación acerca de qué son la agencia ROSTA y las demás agencias de prensa.

La prensa especializada está mal distribuida, de manera irregular, y los obreros no la leen, solo la lee un pequeño número de personas.

Hay que trasformar radicalmente la exposición de los diferentes problemas. Las informaciones sobre las huelgas y sobre el movimiento revolucionario en el extranjero no satisfacen al obrero. Algunas veces se describe el inicio de los acontecimientos sin decir cómo terminan, o incluso se dan informaciones extremadamente breves. Se habla de las ramas importantes de la industria sin decir una sola palabra de la pequeña industria: industria del cuero, carpintería, confección..

LAGUTIN Y KAZANSKI.- Los periódicos más difundidos son *El Moscú obrero*, *La gaceta obrera* y la *Pravda de los jóvenes*. Su éxito se debe a su precio módico y a la simplicidad de los artículos. El periódico mural, cuando existe, es el tipo de periódico más apreciado.

Es preciso simplificar los despachos de la agencia ROSTA, exponerlos en un lenguaje simple y dar explicaciones que sean comprensibles y que no representen un enigma suplementario.

ANTONOV.- ¿Por qué la prensa no dice nada de los problemas del modo de vida? Pienso que es porque la descripción de la vida familiar de los obreros implica que se penetre la psicología del obrero de nuestra época. Seguramente, se trata de un problema complejo, difícil de abordar. Más adelante la situación cambiará, pero en el presente es más fácil hablar de los asuntos corrientes que captar la psicología del obrero. Es por ello que existen tan pocos artículos de este género en la prensa.

KOBOZIEV.- Las noticias del extranjero tienen el defecto de que el obrero recuerda mal el nombre de las ciudades, y que a menudo confunde el lugar de la información con el del acontecimiento.

Marinin.- La gente se interesa en lo que se hace en América, en Inglaterra, en lo que allí se crea, y sin embargo se habla muy poco de ello en nuestros periódicos. Igualmente, se interesa en el modo de vida de los obreros norteamericanos, franceses, y nuestros periódicos solo mencionan las huelgas. En general, se habla poco de la vida cotidiana de los obreros.

Koltsov.- Principalmente, es importante hablar del modo como hay que trabajar.

Borissov.- Se escribe, por ejemplo, que el *Times* da cuenta de tal o cual despacho. Esto no me dice en absoluto de qué tendencia es este periódico. O, incluso, se consagra un artículo al congreso de Amsterdam. ¿Creen ustedes que los camaradas lo han leído? No. Y, sin embargo, es preciso hacer lo indecible para que los obreros sean hostiles a los mencheviques.

Más aún: se escriben muchos artículos sobre Inglaterra, pero en ninguna parte se explicó de manera clara lo que Curzon esperaba de Rusia.

Lissenko.- Quiero decir unas palabras acerca de lo que leen los obreros y de lo que les interesa en la prensa. Lo más importante para ellos seguramente es aprender a trabajar convenientemente.

Yo he sido corresponsal obrero y quise explicar mi psicología: tengo una mujer, hijos, describí mi situación, pero después de haber distribuido una decena de artículos de ese tipo me di cuenta de que los retiraban. Entonces traté la cuestión al igual que los otros corresponsales; brindé una descripción general de la vida de nuestra fábrica y hablé de la influencia del partido comunista.

Evidentemente, esto limita enormemente los artículos de los corresponsales. Sería mejor que la redacción recalque allí el carácter comunista, pero que no se deforme lo que escriben los corresponsales.

[VERSIÓN TAQUIGRÁFICA ANÓNIMA].- Nadie lee la prensa especializada. Por un lado, allí se repite lo que se lee en otros periódicos, y por el otro no se da ninguna descripción de nuestro modo de vida: tarifas, aumento o disminución de los salarios, trabajo en la fábrica, etc.

[VERSIÓN TAQUIGRÁFICA ANÓNIMA].- Los obreros se interesan en las misceláneas. ¿Por qué? Pues porque eso ocurre en Moscú, en su medio; podrían desarrollarse ciertos temas en relación con esto. Se ha escrito muy poco sobre Komarov, no se dijo qué tipo de hombre era, sino solamente que era alguien muy piadoso, y no se ha explicado en absoluto por qué súbitamente se tornó tan violento. Cuando un obrero plantea esta pregunta, no se sabe qué responderle ya que uno mismo no conoce nada, en tanto que los periódicos hubiesen podido ofrecer la información: hubiese sido posible pedir a los profesores que respondieran a estos interrogantes. Algunos camaradas han hablado de la «organización del trabajo». Existe una sección de este género en los periódicos. Los obreros la leen con interés, pero ocurre que se ríen al leer ciertas informaciones porque es raro que se pueda aplicar en la práctica lo que está escrito. Incluso a veces es posible. En nuestra fábrica, por ejemplo, un camarada había leído que se podía cortar con la sierra utilizando una sola mano en lugar de las dos; al principio se rió, pero luego ensayó y se puso manos a la obra. Algunas veces, entonces, se puede sacar provecho de estos artículos, y eso les interesa a los obreros.

Pregunta 3

¿Cómo reaccionan los obreros ante los fenómenos de la NEP?

¿Se habla mucho de la nueva burguesía?

¿Se expresan temores sobre un posible restablecimiento de la dominación burguesa?

Respuestas

Marinin.- Los obreros tienen una actitud extremadamente crítica ante los *nepmen* («hombres de la NEP») y los fenómenos de la NEP.

Los viejos (de cincuenta a setenta años), generalmente más conservadores, son mucho más indiferentes al respecto, pero no todos lo son por igual.

Kazakov.- Se habla de la nueva burguesía únicamente cuando el obrero ve que se le usurpan sus derechos, es decir, los días feriados cuando los veraneantes se ven asediados por automóviles llenos de damas bien vestidas.

Koltsov.- Las juergas de los administradores, de los directores, de los especialistas de empresa, son una de las causas de descontento y a veces de irritación hacia las células del partido comunista; cosa que explica las dificultades de nuestra agitación en los lugares de producción, entre las masas.

Zajarov.- Los obreros parecen instintivamente ligados a las 100 cooperativas y solicitan insistentemente que ese tipo de organización sea mejorada. Si las cooperativas defraudan las esperanzas de los obreros y no se organizan sólidamente, se verá a los obreros comprarles a los *nepmen* y quedarse satisfechos con su transacción. Existe entonces el peligro de ver a los obreros aceptando la NEP.

KULKOV.- El peligro de un retorno de la burguesía surge sobre todo cuando el obrero escucha a los viejos y nuevos burgueses reírse de las difíciles condiciones de la vida obrera.

El obrero se interesa mucho en el sistema de las cooperativas así como en su organización. No resultaría inútil prestar atención a este problema. Los obreros detestan a los *nepmen* que venden en el mercado y en los comercios, pero, ¿qué pueden hacer si no encuentran productos de similar calidad en la cooperativa y son peor recibidos? Se les atiende como a detenidos que vienen a buscar su ración.

LAGUTIN Y KAZANSKI.- El odio y la irritación hacia la nueva burguesía son extremadamente fuertes.

El obrero dice: yo soy quien manda. Cuando camino por la calle, cuando tomo el tranvía, siento que soy el amo. Cuando contemplo la marea de las banderolas luego de una manifestación, pienso: soy una fuerza, soy el amo. Basta con que yo lo quiera y los *nepmen* no serán más que polvo.

Cuando sea necesario, arrancaremos esta mala hierba (los nuevos burgueses) de nuestro huerto.

FINOVSKI.- Me parece que los problemas de la NEP, tal como lo visualizan los obreros, presentan dos aspectos: uno puramente político y otro cotidiano. Es así como yo mismo lo entiendo. Desde el punto de vista político, por lo que me parece, y vista la agitación que hemos desarrollado en las fábricas, los obreros son más o menos indiferentes hacia la NEP. Saben que los *nepmen* no podrán ahogarlos. Pero en lo referente al aspecto cotidiano del problema, resulta completamente justo que los obreros se inquieten, y que esto inquiete al partido. Los obreros tienen clara conciencia de que hábitos propios de los *nepmen* han aparecido en el seno del partido.

ZAJAROV.- El desarrollo de la NEP ha impulsado a los obreros a prestarles una mayor atención a las cooperativas. Se diría que se aferran a ellas, que buscan allí un medio de reaccionar contra la NEP y que allí depositan sus esperanzas. Si dejamos escapar esta ocasión y si no llegamos a organizar bien a las cooperativas, es posible que la actitud de los obreros hacia los *nepmen* sea menos hostil, ya que son ellos los que aprovisionan al mercado. Es absolutamente necesario que nos interesemos por las cooperativas.

OSNAS.- El respeto hacia la riqueza en cuanto fuerza, tal como existía antes de la revolución, actualmente ha desaparecido. Se observa más bien una actitud un tanto irónica. Los obreros ignoran lo que es un *nepmen* importante y el *nepmen* medio suscita la siguiente reacción: ha robado a diestra y siniestra y se ha enriquecido. Considero que es preciso que editemos una crónica judicial escrita en caracteres gruesos.

BORISSOV.- Las «delicias» de la NEP, el lujo, etc., suscitan y refuerzan entre ciertos obreros su odio hacia los «nuevos burgueses»; además, este sentimiento se refuerza con la conciencia de que esta «basura» estallará como una pompa de jabón cuando la clase obrera lo desee. El obrero tiene conciencia de que él ha dado la «libertad» a los *nepmen* y que, cuando las circunstancias lo permitan, trasformará esa libertad en servidumbre. Muchos obreros, ante las delicias de las tiendas y los mercados, se dicen: «haría mal en tocarlas», pero después de reflexionar deciden: «prefiramos por el momento a los *nepmen*». Es preciso señalar que el obrero se siente a veces ofendido, ya que es él quien ha tomado el poder, el que no come de acuerdo con su hambre, mientras que aquel al que se ha desalojado del poder vive en la saciedad. Por consiguiente, este tipo de obrero alimenta estos sentimientos: 1) odio hacia los explotadores y los parásitos —este sentimiento es la garantía de la actividad proletaria—; 2) conciencia de su fuerza; 3) conciencia de la necesidad de la NEP y de su carácter pasajero; 4) conciencia de su dignidad de hombre y de ciudadano libre.

Otro tipo de obrero teme que la oleada de la NEP sumerja a la Unión Soviética y que «se haya expulsado a una burguesía para crear otra».

Pregunta 4

¿Manifiestan las masas un vivo interés por los movimientos revolucionarios de Occidente?

¿No faltan en las masas los conocimientos geográficos elementales necesarios para comprender las informaciones del extranjero?

¿Existen en las fábricas cartas geográficas adaptadas a nuestro trabajo de educación política, tanto en lo que concierne a la política internacional como a los movimientos revolucionarios en otros países?

¿Los lectores están satisfechos con las informaciones que se les brindan sobre las huelgas y el movimiento revolucionario en el extranjero?

¿Se hace sentir la necesidad de ese tipo de cartas especializadas?

RESPUESTAS

MARININ.- Los obreros le acuerdan menos importancia a las informaciones periodísticas, sobre todo desde que han tomado conciencia de que los remolinos levantados por los periódicos dan pocos resultados.

KAZAKOV.- Lo más interesante sería tener cartas extremadamente simples y claras, por ejemplo, una carta de Rusia donde se indicara el lugar de las diversas actividades económicas.

ZAJAROV.- Los conocimientos geográficos en lo referente a Rusia son actualmente bastante satisfactorios, puesto que hay pocos obreros que, en el momento de la revolución, no hayan abandonado Moscú para encontrarse en diversos sitios: ya sea para marchar al frente, ya sea para procurarse alimentos, etc. Si bien aprendieron en la práctica el mapa de Rusia, no ocurre lo mismo en lo que respecta al resto del mundo. Hay inclusive numerosos comunistas que no saben dónde se encuentran los demás países, y por ello a veces una buena exposición sobre la situación internacional solo es comprensible a medias. Existen mapas en algunas fábricas, pero son viejos. Habría que contar con un tipo de carta que muestre bien a los obreros la situación geográfica de los estados; luego de las exposiciones, sería bueno aclarar algunos puntos.

Sería preciso, al igual que en el momento de la guerra, colocar en los lugares públicos cartas del mundo extremadamente simples.

LAGUTIN Y KAZANSKI.- Las masas tienden sin cesar a sobrestimar la significación de los acontecimientos; se escucha decir: «¡Esto empieza bien!», «¡Se nos pide ayuda!»

PREGUNTA 5

¿Cuáles son las razones fundamentales que impiden que el obrero sin partido se adhiera al partido comunista?

¿Cuáles son los principales argumentos que esgrimen los obreros?

Es posible, sobre la base de una serie de observaciones, deducir lo siguiente: hemos tenido éxito en hacer adherirse al partido a los obreros que, por gusto personal, se interesaban sobre todo en la acción política; pero existen aún numerosos obreros que solo se interesan por su trabajo, por la técnica, por el modo de vida familiar o por problemas puramente científicos o filosóficos. En lo que se refiere a estos obreros, aún no hemos hallado el medio de abordarlos, o sea, que todavía no sabemos cómo ligar los intereses técnicos, económicos, familiares, científicos de esos obreros con el socialismo, con el comunismo. Esta deducción, ¿es justa o no lo es?

RESPUESTAS

MARININ.- El interés por la vida de las células del partido ha aumentado considerablemente. La actividad individual de algunos y algunas militantes rinde buenos resultados. Las dificultades que presenta la formación de militantes pueden resolverse confiando tal o cual obrero a uno o dos comunistas, primero para estudiar la teoría, luego para divulgarla.

Koboziev.- Los miembros del partido llaman a los obreros sin partido «camaradas» únicamente en las asambleas; pero, en su trabajo cotidiano, no tienen ningún contacto con ellos. Se señala a veces un formalismo burocrático que crea una barrera invisible y que le impide al obrero sin partido adherirse al partido. Apoyándome en mi experiencia personal, daré el siguiente ejemplo. Un día me encontré con un obrero honesto que yo conocía bien y que siempre había sostenido la posición soviética, y le dije:

«Vassia, pasa por mi casa después del trabajo». Yo sabía que le gustaba mucho pescar, y empecé hablándole de la pesca. Después de haber discutido lo suficiente sobre este aspecto, le dije: «¿Y por qué no te adhieres al partido? Eres joven, ya es tiempo para ti de ingresar; bastante has holgazaneado, ya es hora de hacer algo». «Pero no estoy en contra de ello; por el contrario, hace mucho tiempo que deseo adherirme al partido, pero cada vez dejo eso para más tarde. Hace mucho que ya no creo en Dios. De acuerdo, mañana haré mi solicitud». La barrera invisible había desaparecido; esto es lo que no llega a hacer tal o cual célula replegada sobre sí misma.

Mi conclusión es que si no existen relaciones fraternales con los sin partido, si las células permanecen cerradas y dan pruebas de formalismo burocrático, ninguna idea revolucionaria —ni en la literatura económica ni en la literatura científica— dará resultados reales. Esta barrera invisible continuará existiendo.

KOLTSOV.- Aún no hemos hallado el medio para llegar a los mejores obreros. Se trata de una reserva importante para el partido. Espero que pronto sepamos cómo abordarlos.

ANTONOV.- Si se organiza una enseñanza puramente técnica destinada a los obreros altamente cualificados y de especializaciones diversas, rápidamente podrán formarse especialistas rojos. Es la vía más segura para conducir hacia el comunismo al resto de la masa obrera.

FINOVSKI.- El trabajo de educación política en las células del partido tendría que consistir en principio en reagrupar a los obreros de acuerdo con tal o cual aspecto de la vida: técnico, político, familiar, científico, etc. Me parece que pronto vamos a llegar a eso... El pensamiento obrero no puede aceptar las injusticias que actualmente conoce... El obrero no puede encontrar respuestas en libros que no ha escrito... Él mismo debe brindar la materia de esos nuevos libros, es decir, examinar todos los problemas dolorosos de su modo de vida, en el sentido amplio del término, en su ambiente y, mejor aún, en la célula del partido (allí nosotros debemos ir hacia él). Tal es, según mi opinión, el único modo de arrancar al obrero de su letargo en la célula y de impulsarlo a adherirse conscientemente al partido.

ZAJAROV.- La principal razón que le impide al obrero entrar en el partido comunista es la disciplina. Los obreros están listos para ayudar al partido de todo corazón, pero temen las obligaciones y las exigencias que ello implica. Siempre se escucha la misma respuesta: «En el fondo yo soy comunista, y, por cierto, que hago más que algunos que tienen el carné». La segunda razón reside en que, si es posible expresarse así, los obreros son intimidados; a menudo se oye decir: «Me gustaría mucho adherirme, pero me van a decir: te decides a entrar en el partido una vez que todo ha terminado, cuando ya no existe más el frente».

Creo que el partido debe encarar todos los problemas y poder resolver cualquier cuestión. Y no estoy de acuerdo con la idea de que no hemos hallado el medio adecuado para aproximarnos, es decir, que no hemos sabido establecer la vinculación entre los intereses económicos, técnicos, familiares, y el comunismo.

Kulkov.- Estos son los argumentos que dan los obreros para explicar su no adhesión al partido: por la noche hacen trabajo extra; los días festivos marchan al mercado para comprar y vender más caro lo que han hecho durante las noches en sus casas.

Los obreros se han tornado más exigentes para con ellos mismos: al volver del trabajo, se lavan y se cambian. La jornada de trabajo es de ocho horas, pero las condiciones de trabajo, el lugar de la empresa, las máquinas, siguen siendo los mismos que en la época del capitalismo; no han cambiado: hay poco aire, poca luz, y en verano los obreros tienen muchas ganas de salir a respirar el aire fresco.

Sería deseable que los más conscientes y los más reflexivos de los obreros sin partido fuesen asociados aunque solo fuere a un pequeño trabajo económico, político, sindical. Hay que hacerlos cambiar y asociarlos más a menudo a las diferentes actividades.

DOROFEEV.- Hoy un público sin partido llena las tabernas y los despachos de bebidas, en tanto que los comunistas no entran en esos sitios, o bien, cuando se encuentran allí, están sobre ascuas. Y, sin embargo, es allí donde deben estar sin que, por supuesto, se emborrachen. La Comisión de control no debe quedar perpleja, porque es allí donde el comunista debe militar, ya que es allí donde vivirá con los obreros y les impedirá beber. Y si no convivimos con las masas nos divorciaremos de ellas. ¿Cómo agitábamos antes? Únicamente en las tabernas, cuando se producían discusiones apasionadas.

KAZAKOV.- Cuando los problemas se plantean correctamente, cuando cada célula fabril aborda a los obreros con un espíritu proletario, estos se acercan insensiblemente al partido comunista, y cuando toman conocimiento de toda la estructura del partido, se adhieren a él sin ninguna resistencia. Allí donde ese trabajo no se realiza, allí donde el obrero no es informado por la célula o por la comisión cultural, se frenan las adhesiones al partido.

FINOVSKI.- Los argumentos son los siguientes: la familia es lo que nos impide hacerlo. En particular, en el curso de los últimos años, esa fue una razón imposible de disimular. El obrero dice lo siguiente: yo sé cómo viven sus camaradas comunistas y cómo viven los sin partido. Yo no estoy en el partido. Hacia el atardecer, vuelvo a mi casa, estoy libre y ayudo a mi mujer. En cambio, mi vecino sí está en el partido; su mujer trabaja desde la mañana hasta la noche, y él corre Dios sabe dónde, a la célula, a una asamblea... Y cuando su mujer le pide ayuda, él le responde: no puedo, tengo una reunión de célula. Vaciar el cubo de basura, eso sí que jamás lo hace. Ellos riñen sin cesar; su mujer grita, mientras que en mi casa eso nunca ocurre. Pienso que yo soy más útil a la revolución: todo marcha bien en mi familia, mi mujer no grita, yo la ayudo, y tengo tiempo para leer libros o periódicos políticos. En cambio, si un comunista abre un periódico, su mujer le grita: «No vas a venir a sembrar el desorden aquí también».

Koltsov.- Lo principal es la discreción, porque cuando un obrero se adhiere al partido se le asedia generalmente con preguntas. Imagínense a un proletario de la ciudad que no conoce absolutamente nada de la vida campesina y al que se le dice: «Tú, que eres comunista, explícanos un poco por qué no se le ha dado a mi padre su parte de madera para cortar, mientras que el jefe del comité ejecutivo del Volost[1] ha tenido con qué construirse una *isba*[2] y además le ha dado madera a su yerno, etc.». Aquel responderá que eso no es legal, que se trata de un abuso de poder, pero, por ser novato, se encontrará en una situación embarazosa. También podrán entonces decirle: «¡Qué clase de comunista eres, tú no sabes de esta cuestión más que nosotros!». Por este motivo los obreros piensan que es preciso primero estudiarlo todo y solo posteriormente adherirse al partido; de lo contrario, se burlarán de ellos.

Luego, lo más importante es el amor al trabajo. Los obreros más cualificados son la mejor reserva del partido. Se preocupan únicamente por su trabajo y están buscando permanentemente mejorarlo. Son extremadamente concienzudos.

1 Volost: distrito rural.
2 Típica vivienda campensina rusa.

Cuando se discute con ellos y se les pregunta por qué no se adhieren al partido, responden que no tienen tiempo: lo que les interesa, dicen, es encontrar el modo de producir un acero de mejor calidad o de colar mejor el hormigón, etc. Dan muestras de un espíritu creativo, elaboran nuevas máquinas, etc. Este tipo de obreros es el que no sabemos cómo abordar, y sin embargo se trata de los obreros más honestos y cultos. Siempre están reflexionando, buscando cómo mejorar su producción. Hay que encontrar la manera de llegar a este tipo de obreros cualificados, que, indudablemente, son los mejores elementos. Se encuentran únicamente preocupados por la producción y entienden que la fuerza del partido depende del cómo profundicemos, cómo reforcemos dicha producción; y estos obreros son muy numerosos en cada fábrica.

Ossipov.- Cuando los obreros sin partido encuentran un trabajo donde pueden visualizar lo que es el partido comunista, entonces se adhieren al mismo. Los sin partido no ingresan en el partido porque a veces tienen temor del trabajo que tendrán que desarrollar en él, cuando ya están muy ocupados en sus casas. Este es el pretexto alegado por los sin partido que no trabajan en ninguna parte. Pero donde se organizan algunos grupos, se ha presenciado inmediatamente la constitución de una célula de siete miembros; esto es lo que ocurre en una fábrica. Considero que ante todo es preciso ser activos. Los métodos pueden variar. Puede obtenerse la adhesión de algunos a través de su actividad profesional, y de los otros mediante su trabajo en el taller. Algunos comités de dirección objetarán que tienen mucho trabajo, pero que no forzarán a los delegados a trabajar. Seguramente, los miembros del partido no serán numerosos en tales empresas. Lo principal es despertar la actividad. Lo que diferencia a 1919 de 1923 es que en 1919 la tensión era extrema y por consiguiente se estaba muy fatigado; pero luego la gente se sosegó e inmediatamente recuperó su actividad.

Antonov.- El obrero sin partido trabaja o no trabaja según le apetece. Cuando un trabajo le gusta, entonces trabaja; cuando no le gusta, lo abandona y se busca otro; pero en nuestro ambiente la disciplina del partido lo obliga a veces a continuar en un trabajo que no le satisface. Le gustaría trabajar en otro sitio, pero la disciplina del partido lo obliga a permanecer allí. Esta es la principal razón de su reticencia a adherirse al partido. En la época en que Denikin estaba cerca de Tula, los camaradas se adherían en masa. Sabían que no había otra salida, que había que proteger el poder proletario, y entonces entraban en el partido. Pero la cuestión reside en saber cuántos obreros han sido capaces de llevar adelante un trabajo de largo aliento. Algunos camaradas fueron militantes activos durante la primera y la segunda revolución, pero luego muchos de ellos se revelaron ineptos para una lucha de larga duración porque para ello se necesitaba constancia. Ha habido malos entendidos, errores, y un gran número de camaradas no han sabido enfrentarse a las dificultades y se revelaron incapaces de actuar.

Levitski.- Los sin partido temen tener obligaciones. Un obrero que estudia, por ejemplo, astronomía u otra ciencia a menudo dice: actualmente leo mucho, pero si tuviese que asistir a las reuniones tendría menos tiempo y me sería más difícil estudiar.

El principal motivo por el cual no se adhieren al partido es por los impedimentos que pone la familia. En la fábrica militábamos con camaradas sin partido y organizábamos asambleas en casas comunes. Muchas veces, sobre todo en invierno, nos reuníamos en casas de obreros sin partido. Leíamos literatura, o bien el periódico, e incluso *El diario del ateo*, y las mujeres también se manifestaban interesadas. Pero cuando se planteaba su adhesión al partido, la actitud de la familia y del mismo obrero hacia el militante cambiaba. La mujer empezaba a mirarte con malos ojos y ya no te hacía entrar en su casa cuando no había reunión. Un gran número de camaradas sin partido tomaron parte activa en la revolución y consideran que eran bolcheviques; luego fueron al ejército y después no se adhirieron al partido por diversos motivos; cortaron sus contactos con el movimiento revolucionario y se convirtieron en sin partido. En la actualidad, cuando se les pregunta por qué no se adhieren al partido, contestan: debido a la familia. Y, efectivamente, su mujer empieza a estar celosa de su actividad. Ha podido notarse que cuando no estaban en el partido y leían el periódico, su mujer no les decía nada, pero que empezó a mirarlos leer con otros ojos a partir del momento en que empezaron hablar de ingresar en el partido. Se teme que el comunista, en tanto hombre disciplinado, no sea muy solícito y que tenga menos tiempo libre.

OSNAS.- Existen muchas familias donde la mujer no tiene militancia partidaria y el marido es comunista. Y no estamos habituados, en las células, a ver que la gente exprese sus dramas familiares. Inclusive entre nosotros no hemos tenido éxito en vincular la célula con el hogar, y nos resulta muy difícil encontrar aquello que pueda ligar el partido al modo de vida individual del obrero sin abordar esto último únicamente desde el punto de vista del mejoramiento de sus condiciones materiales. Nos parece que esto estaría muy bien, pero yo soy bastante pesimista en cuanto al hecho de encarar todos los problemas de los obreros para atraerlos más rápidamente al partido.

STANKIEVITCH.- Muchos obreros sienten que no tienen la talla suficiente para soportar las exigencias de la disciplina comunista. Temen el hecho de tener que adoptar un nuevo modo de vida, de tener que modificar su comportamiento. Se ven obligados a renunciar al bautismo de sus hijos y a abandonar ciertas prácticas religiosas. Dicen que por ellos estarían dispuestos a romper con todo eso, pero que no tienen la voluntad suficiente para oponerse abiertamente a su familia, y sin embargo estiman que serán comunistas de poco valor si continúan viviendo como hasta el presente. Y esto es lo que frena enormemente su adhesión al partido. Además, numerosos obreros vinculados con el campo dicen que no tienen absolutamente ningún momento libre.

ZEITLIN.- Nadie puede decir que la masa obrera sea hostil al partido; ella quiere al partido, pero teme adherirse al mismo por múltiples razones, y principalmente porque es inculta.

BORISSOV.- ¿Cuáles son los puntos débiles del partido comunista? En primer lugar, no nos interesamos lo suficiente en el modo de vida de los obreros, no los ayudamos a abrazar progresivamente puntos de vista comunistas; en segunda instancia, militamos muy poco en el campo; en tercer lugar, no estamos al corriente de los problemas religiosos, que tratamos con ligereza o con desdén, «alzándonos de hombros», etc.; cuarto, nos acercamos a todos los obreros de la misma manera, los obligamos a escuchar lo que no les interesa por el momento y no buscamos el modo de introducirlos en la política apoyándonos sobre sus propios intereses (oficio, literatura, ciencia, etc.).

Pregunta 6

¿Ha aportado la revolución trasformaciones en la vida familiar del obrero así como en su modo de considerar a la familia?

¿Estos problemas son objeto de discusiones? ¿Dónde y cómo?

¿Qué respuestas proponen los comunistas?

¿De dónde extraen estos las respuestas para dichos problemas?

¿Por qué esos problemas no aparecen en los periódicos?

Respuestas

Kazakov.- Aparentemente, se señala un cambio completo en la vida familiar, es decir, que se encara más simplemente la vida de familia. Pero nada ha cambiado fundamentalmente; la familia no ha sido aliviada de sus preocupaciones cotidianas y siempre se ve que en ella una persona domina sobre las demás. La gente desea llevar una vida pública, pero cuando estos deseos no se cumplen debido a dificultades familiares esta situación implica disputas, crisis de neurastenia, y si alguien no puede soportar esto, entonces abandona su familia o se tortura hasta tornarse él mismo neurasténico.

KOBOZIEV.- Resulta indudable que la revolución ha introducido un gran cambio en la vida familiar y cotidiana del obrero. En particular, si el marido y la mujer trabajan, esta última considera que ella es materialmente independiente y que tiene los mismos derechos que su marido; por otra parte, ve desaparecer los prejuicios que hacen del marido el jefe de la familia, etc. La familia patriarcal se disloca. Desde el momento en que se han asegurado las bases materiales de la existencia, la revolución ha hecho nacer en la familia campesina un gran deseo de independencia. Me parece que estamos ante la ruina inevitable de la vieja estructura familiar.

MARKOV.- La revolución ha producido trasformaciones sumamente importantes en las condiciones de vida. La pobreza de la industria y de la república mantienen todavía un poco a la familia, que de otro modo estaría ya completamente dislocada. Pero esta descomposición anárquica y mal dirigida amenaza con hacer aparecer una serie de fenómenos anormales (prostitución, embriaguez, delincuencia, rufianería inútil, etc.) que hay que combatir decididamente, porque de lo contrario se hará más difícil volver al camino recto a quienes han abandonado su familia.

KOROBITSIN.- La revolución ha traído trasformaciones en la vida familiar, en el sentido de que los maridos beben menos y castigan menos a su mujer y a sus hijos.

KOLTSOV.- Estos problemas no son considerados en ninguna parte, como si se tratara de evitarlos. Hasta este momento, jamás había pensado en ellos... Hoy, son problemas nuevos para mí y considero que tienen el más alto interés y es importante que se estudien. Parece que precisamente por esas razones, indeterminadas por cierto, no se tienen en cuenta estos problemas en la prensa.

FINOVSKI.- Es un hecho que la revolución ha aportado novedades en la vida familiar del obrero. La ruina, la escasez, el hambre, se abatieron sobre la familia y la obligaron a reagruparse, a economizar, a tener lo justo para vivir; y la mujer es quien especialmente ha padecido estas dificultades. Considero que su situación se ha deteriorado de tal modo que las discusiones y las disputas incesantes sobre este tema constituyen sin duda la razón por la que el obrero no se decide a entrar en el partido.

Rara vez se suscitan discusiones acerca de este punto, porque ellas tocan a todo el mundo demasiado de cerca... Según mi parecer, hasta el presente se las ha evitado para no hacerse mala sangre... Todo el mundo comprende que el único modo de salir de esta situación reside en que el gobierno tome totalmente a su cargo la educación de todos los hijos de obreros (sin separarlos de sus padres), que se libere a la mujer de la cocina, etc. Los comunistas aluden regularmente a este magnífico porvenir, cosa que les permite postergar para más adelante esta espinosa discusión.

Los obreros saben que en la familia de un comunista este problema es aún más doloroso que en sus propias casas.

Si el marido está en el partido, ello significa que él no hace el menor esfuerzo para ayudar a su familia (no tiene tiempo, está totalmente ocupado por su trabajo, por intereses superiores), y su mujer debe trabajar como una bestia de carga para ver encima criticada su conducta no comunista que deteriora el prestigio de su marido.

ZAJAROV.- El problema de la igualdad de la mujer y del hombre es un problema de actualidad. Sobre eso las opiniones son muy diversas. En principio, todo el mundo está de acuerdo en reconocer la igualdad de la mujer, y luego agregan: pero está la familia, los niños, los quehaceres domésticos, etcétera.

KULKOV.- La revolución sin duda ha introducido transformaciones en el modo de considerar a la familia, y aun a la liberación de la mujer. El hombre tiene la costumbre de considerarse como el jefe de familia. La mujer, por su parte, se ocupa de los niños, de la vajilla, del lavado. Él tiene tiempo para ir a las asambleas, a conferencias, para leer los periódicos; y entonces le explica a su mujer lo que hay que hacer, cómo hay que educar a los niños, lavar la ropa, preparar la comida, abrir la ventana, cómo comportarse ante la familia, ante los niños, ante los camaradas que vienen a verlos; después le habla de religión, se rehúsa a satisfacer sus exigencias pequeñoburguesas, y como sus medios no le permiten gran cosa, empiezan a reñir. Por su lado, la mujer manifiesta también el deseo de ser más libre, de poder dejar a los niños en alguna parte, de estar más a menudo en compañía de su marido, lo que desemboca en escenas conyugales y en múltiples escándalos. Como consecuencia, divorcio, nuevo matrimonio.

Los comunistas responden a este tipo de cuestiones diciendo que la familia, en particular las disputas entre marido y mujer, son asuntos personales.

LAGUTIN Y KAZANSKI.- Cuando la mujer es suficientemente fuerte, o bien cuando la situación se lo permite, se revela como un militante activo y obstinado de las ideas y de las nuevas relaciones. El hombre, en cambio, como marido y padre, ocupa una situación completamente desventajosa. Se conocen casos en que algunas mujeres comunistas debieron abandonar el partido porque sus maridos les exigían que volvieran a trabajar al hogar, a la cocina, a ocuparse de su esposo. Para la mayoría de los obreros, la mujer es una papanatas. El padre a menudo razona de acuerdo con viejos criterios: si no se castiga a los niños, eso significa que se les aflojan las riendas. Entonces se castiga a los niños, considerando que se trata de un método educativo probado y eficaz.

ANTONOV.- El obrero tiene otro punto de vista sobre la vida familiar y sobre la familia. Las mujeres son más liberadas, y en este dominio se señalan algunas transformaciones importantes.

Muchas veces sucede que no son los padres los que educan a los niños, sino los niños quienes instruyen a sus padres.

¿Por qué este problema no es abordado en los periódicos? Pienso que si se describe en un periódico la vida familiar de los obreros, es preciso penetrar en la psicología de los obreros de la época actual. Por cierto, se trata de un problema complejo en extremo, difícil de encarar. Más adelante esta situación cambiará, pero en la actualidad a un periodista le resulta más fácil referirse a problemas contemporáneos que penetrar en la psicología del obrero. Por este motivo hay tan pocos artículos de este género en la prensa.

MARKOV.- Tengo el presentimiento de que nos aguardan catástrofes terribles debido a que hemos entendido mal el sentido del término «amor libre». Como resultado, el amor libre ha aumentado considerablemente la natalidad entre los comunistas. Cuando se movilizó a los comunistas, fue necesario que el comité de fábricas se hiciera cargo de cerca de dos mil niños.

Si la guerra nos ha legado un gran número de inválidos, el amor libre nos amenaza con dificultades aún mayores. Y debemos confesar que, en este terreno, no hemos hecho nada para que la masa obrera comprenda bien ese problema. Reconozco sinceramente que, si se nos plantea esta cuestión, no estamos en condiciones de responderla.

LIDAK.- Se nos plantea un problema espinoso al que debemos dedicarle atención: el del proletariado femenino, que es particularmente importante para las mujeres que tienen una familia: entre ellas, la influencia religiosa predomina sobre todas las demás. Pienso que es necesario que militemos en esta capa de la población; hay que reemplazar a la Iglesia por otra cosa, pero no tenemos nada con qué hacerlo. Si nos fijamos, aunque solo sea en Moscú, en los clubes de barrio, vemos que es raro que alguien entre en ellos; allí no se propone ninguna actividad que satisfaga tanto al marido como a la mujer y a los niños. A veces se organizan reuniones oficiales y, posiblemente porque estamos demasiado fatigados, organizamos estas reuniones precipitadamente. Sin embargo, es imprescindible que encontremos alguna manera de sacar a la gente de la iglesia y de crear centros culturales donde no solo el domingo, sino todas las tardes el marido pueda ir a distraerse con su mujer. Entonces, dejarán de ir a la iglesia. Algunos se distraen ya yendo al jardín público, cuando el precio de la entrada es accesible.

DOROFEEV.- Ciertos obreros son muy poco apegados a su familia y consideran que su mujer debe ocuparse de todo, mientras ellos andan por otro lado. Lo mismo sucede el domingo. De aquí provienen las peleas matrimoniales. La mujer se queja de que el marido la abandone incluso los días de fiesta y de que ella se vea obligada a quedarse en casa con los niños. Aquí se nota un deseo de las mujeres por liberarse. A menudo les reprochan a sus maridos el hecho de que otras mujeres dejan a sus niños en la guardería o en el jardín de infancia y así tienen más libertad, en tanto que ellas están obligadas a cuidar a los niños. En verdad, existe un gran deseo de libertad entre las mujeres.

ZEITLIN.- En ningún lado se habla del problema de la familia y del matrimonio, de las relaciones entre el hombre y la mujer, y sin embargo ésos son los problemas que les interesan a los obreros y a las obreras. Cuando organizamos reuniones sobre este tema, los obreros se enteran y acuden masivamente. Además, la masa tiene la impresión de que nosotros eludimos el planteamiento de esas cuestiones, y de hecho es lo que parece suceder. Sé que algunos dicen que el partido comunista no tiene y no puede tener un punto de vista definido sobre este aspecto. Conozco agitadores que responden a estos problemas apoyándose en las tesis de la camarada Kollontai, pero dichas tesis no resuelven, por ejemplo, el problema de la responsabilidad del padre y de la madre ante los hijos, cosa que hace que los niños tiendan a quedar librados a sí mismos. Este en Moscú es uno de los problemas más importantes en la actualidad. Estas dificultades no son esclarecidas, y los obreros y obreras que plantean estos problemas no reciben ninguna respuesta.

Borissov.- En lo referente al modo de vida obrero, debo decir que es extremadamente poco estudiado, y debido a una razón muy simple: los problemas que planteamos aquí son muy difíciles de describir. Por eso se prefiere un artículo formal.

Ossipov.- Hay que decir que el modo de vida no ha adoptado ninguna forma particular; nada ha cambiado y todo está como antes. Aquí se ha preguntado por qué estas cuestiones no eran abordadas por la prensa. Pero sucede que los comunistas más activos que escriben en los periódicos están demasiado ocupados, y posiblemente ni siquiera conozcan a su familia. Se van de la casa cuando todo el mundo duerme y vuelven cuando todos ya están acostados. Y bien, si no se conoce a la propia familia, es difícil conocer a la de los demás. Solo se puede aprender algo en las discusiones de la fábrica o en el comité de fábrica, por ejemplo cuando alguien viene a quejarse, cuando una mujer viene a decir que su marido la golpeó, etc. Pero lo repito: no se habla de esto en la prensa porque nosotros, los comunistas, no conocemos ni a nuestra familia ni a la de los demás.

De hecho, no se recalca en absoluto el problema de la familia y de los niños. Yo mismo he olvidado todo lo que he podido ver, y solo cuando se me plantean algunas preguntas me vienen a la memoria vagos recuerdos y comienzo a ligar las cosas entre sí.

GORDEEV.- Si se examina la vida de los comunistas se ve que, de hecho, la mujer permanece en la casa mientras el marido, comunista, corre a las asambleas. Las mujeres de los comunistas están muy poco integradas a la actividad social. La situación es aproximadamente la misma entre los obreros. Cuando se plantea el problema del modo de vida, las obreras son las que más se interesan y hablan mucho de las guarderías infantiles, de los restaurantes comunitarios, etc. Pero hay que decir que, estando dadas el conjunto de las condiciones objetivas y subjetivas, no hemos hecho gran cosa por trasformar el modo de vida. Entre los obreros comunistas se considera a menudo que cuando el marido se va a una reunión, la mujer tiene que quedarse en la casa. Algunas veces esto desemboca en el divorcio. El marido no deja que su mujer vaya a la reunión, cuando esta quiere firmemente ir; como consecuencia, se llega al divorcio. Conozco dos casos de este tipo. En una asamblea de obreros se dijo que en nuestro sector de Orejov-Zuiev había habido dos casos en los que el marido había prohibido categóricamente a su mujer concurrir a una reunión, lo que había llevado al divorcio.

DOROFEEV.- La revolución ha implicado una dislocación de la familia. Muchos obreros llevan una vida disipada y malinterpretan la libertad de poder separarse de sus mujeres; otros dicen que la revolución le ha asestado otro golpe a la familia. Incluso entre los obreros responsables, son numerosos los que han abandonado a su mujer, dejándola a veces con cinco hijos. Es una situación que se produce muy a menudo, y nadie lo oculta.

También se abandona a una mujer comunista, incluso entre quienes ocupan lugares destacados. No se plantea el problema en las asambleas, pero se comenta en los círculos del partido y se tiene la impresión de que algo va a estallar.

En la actualidad, ¿por qué no se escribe ningún artículo, ningún folletín en la prensa? ¿Por qué no se pone el acento en los problemas de la vida familiar? Pues porque —y, por lo demás, un camarada lo dijo muy bien— son esencialmente viejos periodistas los que trabajan en nuestros periódicos y ellos no conocen la psicología de los obreros.

En este terreno, las secciones femeninas son, sobre todo, las que deben manifestarse activas, porque son las mujeres las que sufren en mayor grado estas alteraciones, especialmente cuando se encuentran con los niños en los brazos. No hay ni guarderías ni jardines de infancia. Seguramente, la mujer comunista debe hacer por sí misma la lejía, porque es más económico; además, no enviará la lencería al lavadero, ya que muchas veces la arruinarán con productos artificiales. En la medida en que estemos en un período de transición en el que carezcamos de guarderías y de jardines de infancia, en la medida en que las mujeres comunistas deban hacer la lejía, lavar y planchar, porque es imposible evitar esas obligaciones domésticas, en la medida en que los hombres vayan a las asambleas y lean el periódico, las mujeres no evolucionarán. Pero cuando todo esté bien organizado, las mujeres ya no tendrán que hacer la lejía y podrán concurrir a las reuniones.

En nuestro comité barrial se ha organizado una conferencia sobre el tema: «La familia y el matrimonio». Pedimos la colaboración de un conferenciante y le preguntamos cómo iba a presentar el problema. Nos respondió que iba a exponer *El origen de la familia y del matrimonio* (sic), de Engels. «Y no hablaré de otra cosa», agregó. Sin duda, no diré que esto no está bien, pero habría sido necesario extraer de este artículo de Engels conclusiones aplicables a nuestra época, y esto es precisamente lo que no sabemos hacer. No obstante, se trata de un problema de una extrema actualidad.

En cuanto al matrimonio, sostengo que los comunistas se niegan por completo a casarse con muchachas miembros del Komsomol porque —dicen— ellas van a correr de reunión en reunión y no tendrán tiempo de preparar la comida ni de lavar la ropa. Los comunistas dicen que prefieren casarse con mujeres sin partido, que se queden en la casa, se ocupen de los niños y del mantenimiento del hogar. Se trata de una opinión muy difundida. Los comunistas afirman que, si toman como mujer a una comunista, los niños se van a morir y todo funcionará mal en la familia.

KOROBITSIN.- Antes el marido consideraba a su mujer como una esclava. Es la marca de la historia. Pero hoy la mira, a pesar de todo, un poco de otro modo.

Antes, cuando el marido bebía, castigaba a su mujer una, dos, tres veces por semana; en la actualidad el vodka está prohibido. Pero si se trata de saber por qué se lo ha remplazado, yo diría que absolutamente por nada. Hoy el marido trata de procurarse aguardiente casero, pero castiga menos a menudo a su mujer y la considera como una ciudadana; esta a su vez se considera como tal y no permite que se la castigue.

Con relación al matrimonio: se cambia fácilmente de mujer, y esto también ocurre entre los comunistas. Es inadmisible que ciertas personas lleven una vida completamente disoluta. Y afirmo que hay que examinar seriamente este problema, tratarlo y encararlo más a menudo en la prensa.

Al fin de cuentas, es preciso saber qué actitud adoptar ante el matrimonio, ante la mujer, y jamás he leído nada por el estilo en los periódicos. Sea como fuere, debemos interesarnos en esos problemas, abordarlos más de cerca y hacer progresar, aunque solo sea un grado, el modo de vida del pueblo ruso.

Antonov.- Subrayemos aún una trasformación más en el modo de vida del obrero: bebe menos, está mucho más sobrio y, consiguientemente, es mucho más perspicaz.

Borissov.- Sin ninguna duda, la revolución ha aportado trasformaciones en la vida familiar del obrero. Algunos camaradas se han referido a «la dislocación de la familia». Señalemos aquí los hechos más característicos. En primer lugar, en una familia donde el marido se ha hecho ateo, la mujer envía a escondidas a los niños a la iglesia o ante el pope [cura]; el niño le cuenta inocentemente a su padre lo que hizo y... se sucede una enorme escena matrimonial: «¡Imbécil, bonito lugar has encontrado para meter al chiquillo, lo vas a arruinar por completo!» En segunda instancia, en algunas familias la mujer se siente mucho más independiente y le plantea exigencias a su marido: «¿Por qué no compraste el periódico?», «No grites cuando le hablas a los niños», «Si sigues así, te dejo y me voy a ganar la vida». En tercer lugar, algunas veces hay discusiones apasionadas sobre la religión en las que participa toda la familia: todo el mundo se injuria, las relaciones se envenenan, etc. Cuarto, muchas familias desean tener una vida llevadera, gozar del aire puro, de la limpieza, de un ambiente agradable, etc. Quinto, el obrero se ha puesto a leer en su casa (hablo de los obreros menos cultivados). Sexto, de ello resulta una conciencia aguda en grado sumo de su incultura, de su ignorancia. Séptimo, los niños de los obreros que tienen la posibilidad de ir a la escuela (al liceo, etc.) llevan un aire nuevo a la vida de sus padres (que están orgullosos, que se interesan por su trabajo). Octavo, ha habido grandes cambios en aquellas familias donde los niños van a la guardería o al jardín de infancia, y esto es algo aún completamente nuevo en el modo de vida del obrero. Noveno, los niños son la principal fuente de preocupaciones en la familia obrera (hay que vestirlos, calzarlos, etc.). Décimo, se encuentran komsomoles aun en las familias más tradicionales; aquí la juventud entra en conflicto con los viejos prejuicios. Undécimo, hay que señalar que algunos obreros crían vacas, cabras, cerdos, que tienen una huertita, etc., lo que los ata más fuertemente a su hogar y los aburguesa. Hablando francamente, la posesión de una vaca trasforma el modo de vida del proletario y desarrolla en él un mezquino sentimiento de propiedad.

Estos problemas solo se tratan en dos sitios precisos: entre los obreros y en sus familias.

No hace falta escribir artículos moralizantes y edificantes del siguiente tipo: «Cómo una mujer llevó a su hijo de nueve años a confesarse ante el pope a escondidas de su marido» para decir luego que esta mujer es estúpida y para injuriar al pope, etc., sino que hay que escribir en un lenguaje seguro, en el lenguaje de la vida de todos los días. Y hacer observaciones insignificantes con el objeto de que aquella mujer (como ella hay millones) no tenga vergüenza, pero que reconozca la estupidez de sus actos. Es difícil (pero no imposible) hablar de la «vaca del obrero» y hacer nacer entre los obreros un interés no solo por sí mismos, sino también por los demás. Esto es más fácil de decir que de escribir.

Pregunta 7

La vida se organizaba anteriormente en torno a tres momentos esenciales: el nacimiento, el casamiento y la muerte.

Los obreros que han roto con la iglesia, ¿por qué hábitos los han reemplazado?

¿Existen nuevas formas de ceremonial para celebrar un nacimiento, un casamiento o para rendirle un último homenaje a un difunto?

Respuestas

MARININ.- El ritual no ha sido renovado en lo referente a los entierros. Son organizados por los sindicatos y han adquirido un carácter solemne.

IVANOV.- El obrero nos dice: «Ustedes, los comunistas, cuando entierran a uno de sus camaradas pueden hacer tocar una marcha fúnebre, pronunciar un discurso en el cual dan cuenta de los méritos del difunto ante la sociedad y el Estado, pero nosotros ¿qué podemos hacer en tales circunstancias? Nos molesta enterrar a alguien sin ceremonia, entonces recurrimos a un pope». Para el nacimiento y el casamiento rápidamente se encontrarán nuevos ritos, pero para el entierro, si el obrero suprime la ceremonia fúnebre, no hay nada con qué sustituirla.

DOROFEEV.– Ningún nuevo ceremonial ha venido a reemplazar a los antiguos ritos religiosos, lo que a veces da lugar a penosos altercados matrimoniales cuando la mujer de un obrero quiere bautizar a su hijo o enterrarlo religiosamente y el marido se lo prohíbe y riñe con ella.

ZAJAROV.– Estos momentos están marcados por una fiesta familiar: el obrero invita a algunos amigos, les ofrece bebidas y les presenta «el acta de registro».

Hay obreros que quieren organizar entierros semejantes a los de los camaradas eméritos, con música, banderas, etc. Pero por el momento se trata de casos aislados.

KULKOV.– No se notan verdaderos cambios en los cortejos fúnebres y los entierros. Entre los comunistas se llevan banderas, se canta, a veces hay una orquesta.

ANTONOV.– Si, por ejemplo, un comunista celebra un nacimiento y en su casa se juntan unos camaradas y algunos sin partido, ¿cómo va a señalar esta fecha? Antes se hacía una comilona, cosa que ya no es necesaria. Pero puede hacerse una colecta para crear una guardería. Tomemos por ejemplo los entierros. Hay que plantear el problema de modo diferente. Se puede hacer una colecta para construir un horno crematorio para incinerar a los muertos.

Marinin.- Me parece que durante un primer tiempo habrá que habituar a la masa a los entierros con música. Personalmente, sería partidario de que también se organicen bautismos solemnes; no es necesario hacerlos cada vez, pero si organizamos de vez en cuando bautismos de ese estilo, ello obligará sin duda a los obreros a preguntarse si los bautismos son verdaderamente necesarios. Seguramente es menester que dichos bautismos se organicen con la ayuda del comité de fábrica y de la comisión cultural.

Zajarov.- Un obrero tuvo un hijo y esto es lo que hizo: reunió a los representantes de la fábrica, no sé si pronunció un discurso pero sí que organizó una votación para darle un nombre al niño, luego se levantó el acta de nacimiento y se la firmó para después tomar el té, etcétera.

Dorofeev - Me acuerdo que cuando tenía catorce años y trabajaba por primera vez en una fábrica de Moscú, el contramaestre me retó. Y recuerdo que salí al patio, levanté los ojos al cielo y le pedí a Dios que castigara al capataz. Luego tuve terribles deseos de oír los cánticos de la Iglesia. En el presente me he hecho ateo, ya que leí libros, asistí a conferencias y tomé conciencia de que esas son tonterías. Por ello, en la medida en que no hayamos educado al proletariado, en la medida en que no le hayamos hecho tomar conciencia claramente de las cosas, no podremos hacer nada.

Koltsov.- ¿Por qué no celebrar el día del nacimiento como se celebra actualmente el del bautismo? Bebamos un poco de vino o de cerveza si eso parece necesario, pero festejemos y celebremos el aniversario y no la fecha del santo.

Hay que señalar de uno u otro modo el día del nacimiento o de la muerte. Con la ceremonia matrimonial es más fácil; los mismos obreros sin partido se conforman con el matrimonio civil, luego de lo cual organizan una comida. Pero las cosas son más complicadas en lo referente al bautismo y a la muerte. Hay que hallar algo con qué reemplazarlos. Sobre todo, son las mujeres quienes se lamentan cuando alguien muere sin haber sido bautizado o sin que se le haya dicho un oficio.

Nadie estimula a la gente a organizar entierros solemnes con orquesta, etc., pero es una costumbre que se impone poco a poco. Se ve a obreros sin partido que vienen a decirnos: «Mi mujer murió, quisiera una orquesta». Pero a veces no podemos conseguir una orquesta porque cuesta caro y no tenemos dinero. Si fuésemos un poco más ricos, hace tiempo que hubiésemos organizado ese tipo de ceremonias.

OSNAS.- Hace alrededor de tres meses asistí a una nueva forma de ceremonial. Se trataba de festejar el ingreso del hijo de un obrero como aprendiz en un taller. Ese obrero me invitó a ir a su casa por la noche. Cuando llegué, todo estaba correctamente organizado: había cerveza y oporto. Actualmente, la cerveza y el oporto reemplazan al aguardiente casero. De algún modo, es un progreso. Se festejaba, entonces, la entrada del hijo como aprendiz, y en una familia obrera este es un acontecimiento tan importante como el nacimiento, el casamiento o la muerte. Y entonces me puse a pensar que sería bueno que de alguna manera se oficializara esta forma de confirmación de la juventud. Para un muchacho se trata de un

momento muy importante de su vida, dado que
se encuentra en una situación difícil: ha terminado la escuela, tiene diecisiete años y no se sabe
dónde colocarlo. Y he aquí que se tiene la oportunidad de participar, por así decir, en una forma
de ceremonia familiar. Seguramente, no se trata
más que de un comienzo, pero nosotros no le
prestamos atención. Nos es necesario, como partido, prestársela. Así, al lado del nacimiento, de la
muerte y del matrimonio se celebra fácilmente
dicho momento del aprendizaje, sobre todo ahora, cuando el ingreso del hijo o de la hija de un
obrero en la escuela o en un taller representa un
momento importante de la vida.

LISSENKO.- En 1917, un día entré en el Monasterio
de la Pasión y en la catedral del Cristo. Allí todo
resplandece, todo es magnífico. Y ¿qué tenemos
nosotros para proponer en su lugar? ¿Adónde ir el
día de Pascua? Es un día de fiesta, se tienen deseos
de ir a alguna parte y no se sabe adónde; los obreros van a la iglesia únicamente porque allí Rozov
canta mejor que Chaliapin, que puede hacer el
número y negarse a cantar, o bien porque allí el
coro es magnífico. Y nosotros no hacemos nada
en ese terreno. Yo mismo tengo una niña, una hija
de doce años; un día salió con una amiga, y a su
regreso le pregunté: «¿Adónde fuiste?». Me contestó: «A la iglesia». «¿Por qué fuiste a la iglesia? ¡Si
tú no eres creyente!». «Yo no soy creyente, pero
allí se está bien». «¡Podrías haber ido a otra parte!».
«¿Adónde? En todos lados hay que tener una entrada». Y un billete de entrada cuesta dinero, y no
se tiene ese dinero. Nosotros agitamos, pero eso
no basta; hay que organizar algo artístico. Y, en ese
dominio, no hemos hecho nada.

MARKOV.- Según mi opinión, lo mejor sería ante todo construir un horno crematorio donde se puedan incinerar los cadáveres. Habría que empezar por cremar a los grandes hombres. Cuando alguien muere hay que incinerarlo, porque de lo contrario ocurre lo que pasa en el monasterio Danilovski, cerca de donde vivo. Allí hay un pozo de una profundidad de tres arquines,[1] en el cual hay incluso unos ataúdes. Pero si se empezara por incinerar a los muertos y por explicar por qué eso es bueno, estaríamos ante una muy buena medida. Por ejemplo, se enterró al camarada Vorovski;[2] mejor hubiera sido incinerarle para después iniciar una campaña explicando que era un gran hombre pero que eso no es impedimento para que sea incinerado.

LIDAK.- Una cosa más: si vemos pasar un cortejo fúnebre, observamos que solamente participan los parientes del difunto. No existe un grupo constituido; algunos acompañan al cortejo durante cierto tiempo, luego lo abandonan y otros se unen a él. El grupo, pues, varía sin cesar; nunca hay mucha gente (a veces treinta personas, a veces siete u ocho o incluso una quincena), de modo que nadie presta ninguna atención. Aquí son necesarias algunas transformaciones con el fin de que las cosas se desarrollen como es debido.

KAZAKOV.- Exteriormente, sin duda ha habido grandes cambios en la vida familiar desde el comienzo de la revolución de 1917. Yo viví esa época y provengo de una familia de viejos creyentes apegados a las tradiciones. En 1917 me encontré cogido

---

1 Arquina = 0,71 m.
2 Vorovski, V.V. (1871-1923): publicista y crítico literario antes de la Revolución; eminente diplomático después de Octubre.

en el torbellino de la revolución, en la que participé. Inmediatamente mi familia me consideró como un ermitaño que ha abandonado a su familia, como un perdido, etc. Ingresé en el ejército, y de regreso del mismo, volví a la aldea. Me sentaba a la mesa y no rezaba. Alguien le dijo entonces a mi padre: «¿Cómo es posible que el hijo de un viejo creyente se siente a la mesa sin hacer la señal de la cruz? El diablo se le va meter por la boca». Entonces comencé a manifestar mi conciencia comunista y a agitar dentro de mi familia. Quise proceder de la misma manera para hacer desaparecer los viejos prejuicios. Así milité durante algunos años. La lucha se hizo más violenta. Imposible quebrar la psicología del campesino y hacerle aceptar el nuevo modo de vida a mi familia. Tuve que partir a la ciudad para no envenenar las relaciones y para no pelearme. En la ciudad me encontré con otro tipo de familia, con otra psicología. La familia obrera es más tratable. Aquí los cambios en la vida familiar son más nítidos. Pero siempre se nota, a pesar de esta ruptura, la dominación de uno de los miembros de la familia sobre los demás. Por ejemplo, el marido es comunista y la mujer, sin partido. La esposa se ocupa cotidianamente de los niños más pequeños. El marido desarrolla una actividad política, reflexiona, critica, se enriquece, etc. Se convierte en el elemento dominante de la familia; su hermano, su hermana, son atraídos por él y se presencia el establecimiento de una especie de competencia. Ya ha habido referencias a este fenómeno. Esta competencia toma formas particulares: se arman peloteras, se injurian, alguien cae enfermo o se torna histérico, etcétera.

En mi opinión, la revolución del modo de vida debe hacerse por etapas y en ningún caso deben imponerse formas determinadas. Tomemos por ejemplo la educación de los niños. Por un lado, el marido tiene una actividad social, y cuando retorna a su hogar quiere imponer su punto de vista. Su mujer aún posee una psicología del pasado. Ella quiere hacer las cosas como las entiende, y los niños son tironeados por ambas puntas, cosa que es nefasta para ellos. En este aspecto, seguramente es preciso preguntarse si podemos, en un futuro muy próximo, darles a los niños una educación colectiva, etc. Evidentemente, será deseable que esto pudiera hacerse lo más rápidamente posible, porque si no la situación se va a complicar.

Ossipov.- Puedo decir que las bodas tienen este elemento notable: cuando alguien se casa, va a la caja de ayuda mutua para recibir de 800 a 900 rublos. Cuando se le pregunta: «¿Para qué te van a servir?», Responde: «¡Y qué, hay que hacer una buena comida para ese día!».

También se plantea un problema respecto de los nacimientos. Sé que a veces se organizan bautismos comunistas. El primer problema consiste en saber cómo se va a llamar el niño. Un ejemplo: un día se propone el nombre de pila Ilich. Luego el padre vuelve y pregunta si se le puede agregar Lenin. Se le contesta que es posible. «Muy bien —dice—, entonces llamaremos a nuestro hijo: Ilich Lenin». Con motivo de un nacimiento, el problema entonces reside en elegir un nombre. La gente recurre a la célula del Partido Comunista o del Komsomol. Conozco algunas niñas que han sido llamadas Octobrina.

El nacimiento está ligado sobre todo a la elección del nombre, mientras que el matrimonio… es una cuestión secundaria. Solo importa una cosa: dirigirse a la caja de ayuda mutua.

Ahora hablemos de la muerte. Tengo algunas dificultades en hablar de la muerte de un niño. No veo qué es lo que puede hacerse en ese caso preciso. En lo referente a los adultos, el entierro se hace algunas veces con música, otras veces incluso, en la fábrica, se deja el trabajo una media hora antes. En las células importantes, el entierro siempre se realiza públicamente, pero en la mayoría de los casos todo se hace sin que nadie sepa nada.

Gordeev.- Esta semana murió un miembro del Komsomol; era ateo y un joven muy bueno. Actualmente los komsomoles viven en campamentos, y dicho joven tuvo un ataque y murió repentinamente. Su padre colocó cruces alrededor de su ataúd y quiso enterrarlo en la iglesia. La célula puso el grito en el cielo, unos komsomoles fueron a ver al padre, y este les dijo: «El pope, con vestiduras sacerdotales, va a venir a incensarlo; y ustedes, ¿qué me proponen en su lugar?». Los komsomoles le respondieron: «Habrá música». «Bueno, si hay música, eso quiere decir que será un entierro civil. Estoy de acuerdo».

Hablemos ahora del bautismo y del matrimonio. Muy a menudo los jóvenes, pertenezcan o no al partido, no se casan por la Iglesia. Sin embargo, el resto de los festejos —bailes, bebidas— son indispensables. Algunos se hacen registrar, otros no, pero en todos los casos se organizan francachelas. Respecto de los bautismos, hay quienes no bautizan a su niño, pero de todos modos organizan una pequeña fiesta. Si el padre está en el partido, la mujer trata de hacer bautizar al niño en secreto cuando el marido está ausente o ha partido en una misión; luego, evidentemente, esto provoca un escándalo y se llama al marido ante la célula porque es algo de lo que hay que explicarse. Esto es lo que ocurre muy a menudo en Moscú, como, por lo demás, en todas partes... Es un problema sumamente complejo que hay que analizar más cuidadosamente. Tomemos un ejemplo: un miembro del partido que trabaja en una fábrica tiene un hijo. Su mujer quiere hacerlo bautizar, pero el marido se rehúsa categóricamente. Se termina finalmente en riñas e injurias cuando habría que haberse alegrado. Lo mismo ocurre cuando hay que enterrar a un niño; la mujer llora porque su marido no le permite enterrar a su hijo y maldice para siempre a su marido, al partido y a todo lo demás. Si un comunista le dice a su esposa: «¡Tienes que deshacerte de los iconos!», ella no los tira, sino que los oculta en un cajón y los contempla con amor, esperando que pronto podrá volver a colocarlos en su sitio.

GORDON.- Una obrera tuvo una hijita el primero de mayo, y la llamó Maia. El nombre Octobrina ya ha adquirido derecho de ciudadanía. Incluso se ha propuesto a Cocodrilo como nombre. Hace poco tiempo tuvimos una discusión al término de la cual concluimos que no necesitábamos nombres de santos para nuestros niños. Cada nombre tiene una significación particular. Hagamos también la revolución en este terreno y pongamos a nuestros niños los nombres que consideramos adecuados. Miren un poco qué nombres se les han dado a los niños durante la revolución. Muchas niñas fueron bautizadas como Rosa, en recuerdo de Rosa

Luxemburgo; en cuanto a los varones, numerosos llevan como nombre Vladímir, en homenaje a
Vladímir Ilich. Pero también existe una tendencia
a inventar cualquier nombre, y dicha tendencia
ha tenido mucho éxito y por el momento solo
choca a los comunistas. Debemos dejar de poner-
les a nuestros hijos nombres que no tienen ningún sentido o que tienen un sentido peyorativo.

Borissov.- Un komsomol me contó que un día
unos jóvenes comunistas que se casaron organi-
zaron, después de haberse registrado, una reunión
bastante numerosa donde se escucharon exposiciones sobre el matrimonio, la familia, etc. A continuación hubo un concierto. Fue, por decirlo de
algún modo, una reunión solemne. Le formulé
la siguiente pregunta: «Y si dentro de uno o dos
años esa pareja llegara a divorciarse, ¿qué tipo de
reunión habría que organizar?». No me contestó
nada.

Pregunta 8

*¿Se nota entre los obreros un interés por los problemas me-
nores del modo de vida que darían testimonio del deseo
de elevar su nivel cultural, tales como una mayor educación, mayor limpieza, respeto por las reglas elementales
de higiene, etcétera?*

Respuestas

Lissenko.- Sí, los obreros altamente cualificados tienen el sentido de la exactitud, de la precisión, de

la economía, etc. Sobre estos elementos debemos apoyar nuestra agitación. Por cierto, aún se dicen groserías, pero para bromear. Se habla mucho de limpieza, de cómo nos comportamos y de la manera en que lo hace el proletariado de Occidente.

ANTONOV.- ¿Tratan los obreros de ser más corteses, menos desaliñados, más puntuales en un sentido amplio? Ni por asomo, con excepción de algunos casos aislados. Yo aprendí a trabajar con la dirección de un inglés, Coygod, y he visto trabajar a fundidores franceses, italianos, alemanes, finlandeses y letones. De todas estas naciones, personalmente prefiero a los ingleses. Es un pueblo que posee un inaudito dominio de sí mismo: los ingleses tienen una completa sangre fría, son cuidadosos, imparciales; conocen el valor de las cosas. Si nosotros, los obreros rusos, tuviésemos solo un 10% del sentido de la exactitud y de la economía de los ingleses, podríamos dar la vuelta el mundo en un instante. Ser exactos y cuidadosos es precisamente lo que nos hace falta. En este campo, los hábitos llevarán un tiempo para ser trasformados.

FINOVSKI.- A partir del momento en que nuestra economía mejoró, la limpieza y el orden aparecieron, en proporciones mínimas, es cierto, en los talleres y las fábricas.

KULKOV.- Se hace sentir un inmenso deseo de cultura, sobre todo entre los obreros cualificados, sin olvidar a los peones.

LAGUTIN Y KAZANSKI.- Existe una extraordinaria necesidad de cultura.

ZAJAROV.- Cuando vivía en un barrio obrero y militaba en la célula del barrio, solía pasear junto con mis camaradas y cantaba acompañándome con mi acordeón. O bien, cuando un grupo de obreros jugaba al «piojoso», me unía a ellos; pero ahora me sentiría criticado por los comunistas y por los mismos obreros. Muchas veces me pongo a pensar: «¿Qué pasaría si me pusiera a jugar al piojoso?» Y ya no me paseo con mi acordeón.

Debemos sin duda revisar nuestra ética sin pretender, no obstante, reorganizarlo todo. Miren lo que me sucedió: un día entré en una taberna y me senté cerca de la ventana. Y, ¿qué creen? Que estaba como sobre ascuas, pensando: «¿Y si me ven por la ventana?». Y, sin embargo, no estaba haciendo nada malo…

DOROFEEV.- Quisiera decir una cosa acerca de la cultura, de la limpieza, de la cortesía, etc. Yo, pobre imbécil, en otro tiempo me jactaba de mi ignorancia, y todo Moscú la conocía. Cuando fui al extranjero y comparé al obrero alemán con el ruso noté una enorme diferencia en todos los terrenos, aunque los obreros alemanes sean actualmente extremadamente pobres y reciban moneda en papel y no en oro. A pesar de ello, los obreros alemanes siguen siendo corteses, tanto hacia el exterior como entre ellos.

¿Desean los obreros rusos ser corteses, cultos? Sí, es evidente. Todo el mundo desea expresarse mejor, aunque a veces se llegue a atiborrar las frases con palabras extranjeras, inútiles e incomprensibles. Todos desean ser más cultos. Y agregaría que el obrero medio es a veces más limpio y decente que algunos de nuestros militantes.

He hablado con campesinos y a menudo dicen: «¿Qué es pues este régimen adónde quieren llevarnos ustedes que ni siquiera saben ni peinarse ni vestirse convenientemente?». Estos son los reproches que se nos dirigen. Los obreros y los campesinos, es verdad, empiezan a vestirse mejor, etcétera.

KULKOV.- Un trabajador del decimonoveno escalón puede sin duda ser cuidadoso, y no tiene necesidad de hacer castillos en el aire; pero también sabemos que si un obrero está en el sexto o en el séptimo escalón, que si no tiene más que tres camisas y una cuarta para los días de fiesta, puede igualmente ser sin embargo más o menos limpio: después del trabajo se lava las manos, el cuello, se cambia, e incluso resulta imposible adivinar que se trata de un obrero.

Este invierno la tasa de asistencia al club ha sido muy elevada. Puede deberse en parte a que allí hace calor, a que se está bien y a que todo está ordenado. Los cursos de alfabetización han subido casi el 100%. Los obreros manifiestan un gran deseo por desarrollar sus conocimientos teóricos. En la actualidad, las conferencias son seguidas con interés. Aunque no tenemos más que un médico para dar las conferencias, la sala se llena todas las veces.

Antes los obreros no tenían necesidad de sábanas ni de fundas limpias para dormir. Hoy casi todo el mundo tiene lo que le hace falta; los obreros se han acostumbrado a la limpieza y a menudo se los puede ver abriendo la ventana, pasando el trapo, etc. También observan las reglas de higiene. Este año, cuando hubo que vacunar contra la viruela, la campaña se desarrolló de modo satisfactorio.

MARININ.- También en este terreno los obreros realizan algunos progresos. El crédito que les otorga la cooperativa les da la posibilidad de vestirse, sobre todo a quienes están en los escalones inferiores (del séptimo al noveno); todo el mundo tiene qué ponerse, lleva abrigo de entretiempo, etc. Esto también forma parte de la cultura.

La lucha contra el alcoholismo se desarrolla poco a poco. A veces, en ciertas empresas, si un obrero se presenta al trabajo en estado de ebriedad, se lo rechaza; los komsomoles son quienes aplican generalmente estas medidas expeditivas. Sobre todo se busca llevar adelante campañas contra la fabricación de aguardiente casero. No se permite a esos obreros volver al trabajo si no dicen dónde consiguieron el alcohol. Los obreros se interesan en el problema y nos ayudan. Incluso ha habido casos en los que se ha boicoteado a los sin partido. En nuestra fábrica había un obrero que bebía; se le puso en cuarentena hasta que dio su palabra de honor delante de toda la célula de no beber nada durante un año.

Según mi parecer, aún subsiste un mal contra el que hay que luchar, pero también aquí habría que empezar por los comunistas. Quiero hablar de la grosería. Los sin partido consideran que los comunistas son personas relevantes y que deben ser cultivadas. No hace mucho tiempo, por ejemplo, un anciano se dirigió a un futuro miembro del partido para recibir una pensión en especie y le pidió que lo inscribiera. El otro le contestó, pero como el anciano era obstinado se puso a injuriarlo. El anciano se quejó diciendo que debía ser educado, de modo que se le pidió que se excusara. Se excusó, pero en principio con un tono colérico. Entonces le dijeron:

«Así no sirve, discúlpate como corresponde». De algún modo, lo obligaron a humillarse y esto lo marcó de tal manera que no volverá a empezar una segunda vez.

ANTONOV.- Independientemente de que se sea comunista o un simple obrero, hay que ser cuidadoso. Hay que vestirse con limpieza, con gusto pero
no chillonamente. Este es el problema, que presenta dos aspectos: por una parte no hay que estar
desaliñados, pero, por la otra, tampoco hay que
usar ropas llamativas. La gente es extremadamente
sensible a este tipo de cosas. Al final siempre se
vuelve a lo mismo: «El hábito hace al monje…»

GORDEEV.- Yo entré a un taller en 1905, cuando tenía
catorce años, y lo primero que tuve que hacer fue
comprar un cuarto litro de vodka para festejar
mi ingreso. Aquel día escuché las peores groserías, sin hablar de que en mi familia mis padres se
arrojaban las mismas palabras por la cabeza. Así es
como se empezaba a trabajar. Era, evidentemente,
un mal comienzo. Cuando uno se quedaba tran-
quilo se le decía: eres una mujercita. Y entonces,
por fanfarronería, uno se ponía a decir groserías y
a acostumbrarse precisamente a lo que el camarada Trotski denuncia en uno de sus artículos. Tales
eran las condiciones en las que se trabajaba antes.
Durante los primeros años de la revolución (1917,
1918, 1919) se consideraba como los comandantes
más valiosos, primeramente, a los que eran valien-
tes y, en segundo lugar, a quienes decían las peores
groserías. No puedo nombrarlos, porque habría
que citar a la mayoría. A veces, cuando algunos
camaradas se reunían, se esforzaban únicamente
en hablar lo mejor posible. Nuestro único refugio
lo encontrábamos en las secciones, en las briga-
das, cerca de nuestros instructores políticos. Y es
inútil hablar de los comisarios de regimiento, ya
que imitaban a los comandantes. A partir de estos
últimos tiempos, se nota un cambio en ese terre-

no, tanto entre la juventud obrera como entre los obreros en general.

También es inútil hablar de la limpieza y del nivel cultural de los primeros años de la revolución. Aquellos fueron años negros. Lo poco que los obreros tenían entonces, principalmente los de la región de Moscú, lo transportaron a las provincias de Samarsk o de Saratov, y allí resulta imposible hablar de limpieza. La mejora de la situación económica implica cambios evidentes. Aunque aún no tengamos una gran práctica en el medio obrero, de todos modos notamos una mejoría neta en su vestimenta, en sus actividades culturales.

GORDON.- Hablemos de la cortesía y de la cultura. La requisa de los apartamentos ha sido un fenómeno importante. A partir del momento en que los obreros se instalaron en casas comunes con ducha y gas, han tratado de ocuparse de ellos.

Quisiera detenerme en un problema que nos preocupa en estos últimos tiempos. Se trata de la juventud, e incluso de sus elementos más avanzados, los komsomoles. Si escuchan su jerga, verán que hablan una especie de jerigonza; se los oye decir: «¡Qué cachas!», Luego de lo cual agitan la mano derecha o la izquierda, según sus hábitos. Lo mismo ocurre con el vestido. Seguramente ellos son pobres y hambrientos, pero el komsomol se viste de un modo particular. Si se encuentra a uno por la calle, se lo reconoce inmediatamente. Basta con acercarse a él y decirle: «Camarada, ¿no será usted un komsomol y no tendría un cigarrillo?».

KOLTSOV.- Recuerdo que hace aproximadamente unos diez años, cuando una muchacha campesina o un campesino entraban a un lugar para vender patatas, se quitaban inmediatamente el sombrero y buscaban un icono para persignarse. Ahora esto ya no se hace más. Esto es la profilaxis. Nadie le ha explicado nada a nadie, pero se ha llegado espontáneamente a ese resultado. Nos hemos vuelto más cultivados. En nuestros días ya no se acostumbra a pasearse tocando el acordeón, se considera fastidioso. La joven generación, los komsomoles, ya no deambulan al son del acordeón; tienen otras actividades más culturales, como el fútbol u otros juegos. Las cosas no llevan más que un tiempo. El camarada Dorofeev ha recordado las grescas que se armaban en las orillas del Moscova, donde se peleaba hasta que corría la sangre. Esto en la actualidad ya no existe, porque se ha comprendido que estaba mal. Posiblemente esos juegos se practiquen aún en alguna parte, pero en Moscú han desaparecido desde hace mucho tiempo.

PREGUNTA 9

¿Juegan los sindicatos un papel importante en lo referente al modo de vida?
¿A través de qué se manifiesta precisamente dicho papel?

RESPUESTAS

MARKOV.- Los sindicatos no pueden hacer gran cosa en las actuales condiciones, pero de todos modos, si algo se ha hecho es solamente gracias a ellos y por su intermedio. En primer lugar, la liquidación del analfabetismo mejora un tanto la situación. Las estancias en casas de reposo, en sanatorios, en lugares de curación, habitúan a los obreros a una mayor limpieza.

Borissov.- Considero que el papel educativo de los sindicatos (únicamente de los comités de fábrica) es fenomenal. El comité de fábrica es un padre colectivo. La gente se dirige a él por los más diversos motivos; para buscar consejo, incluso para preguntar «si hay que divorciarse o no». Se tiene muy en cuenta la opinión del comité de fábrica, y desempeña un papel muy importante en la familia, en el modo de vida del obrero. Ha penetrado, mucho más que el partido, en la vida cotidiana del obrero. ¿Con quién compartir esa pena, adónde ir, a quién contarle eso de lo que posiblemente se tiene vergüenza, lo que es un secreto de familia? Pues al comité de fábrica, en la esperanza de hallar una ayuda en él. Y el consejo del comité de fábrica no se convierte en el patrimonio de un solo obrero, sino que servirá a los demás. De lo cual resulta claro que para ponerse en contacto con el modo de vida obrero, el partido debe utilizar a los comités de fábrica. Y de donde se infiere igualmente que un comité de fábrica malo puede tener una influencia extremadamente nefasta.

Pregunta 10

¿Cuál es la importancia de los prejuicios religiosos, nacionales o de otro tipo dentro del ambiente obrero?
¿Cómo se manifiestan esos prejuicios?

Respuestas

Markov.- Los obreros aún tienen en su poder muchos iconos. Es raro que adquieran otros nuevos, pero no están especialmente dispuestos a deshacerse de los antiguos.

Kulkov.- Los prejuicios religiosos y nacionales son insignificantes, por no decir inexistentes. De la religión solamente se conservan algunas tradiciones: hay que bautizar a los niños para no ser el hazmerreír de los vecinos. Lo mismo ocurre respecto del casamiento y el entierro. Para Pascua se prepara generalmente un kulich y un pastel de Pascua porque es lo que se estila. A veces se pasa la noche esperando el momento de ir a la iglesia. El poder soviético no es hostil a todo esto: se aprovisionan las tiendas, se otorgan anticipos, se ordenan los talleres; en una palabra, todo se hace de acuerdo con la tradición. Sin embargo, sería útil introducir algunas modificaciones en este terreno.

Lissenko.- Los prejuicios nacionales son aún muy vivos entre los empleados de los ferrocarriles. Por ejemplo, dicen que, aparte de los rusos, nadie sabe trabajar, y que en las fábricas, en los organismos económicos, en las empresas concentradas, en los trenes de las grandes líneas, solamente se ven «no rusos», etcétera.

Marinin.- Aún persiste un cierto nacionalismo, especialmente el antisemitismo, y nuestro distrito en otro tiempo se distinguió particularmente en este terreno. Los miembros del partido no están exentos del mismo.

Dorofeev.- Algunos obreros retrógrados, e inclusive ciertos obreros medios, alimentan un odio secreto hacia los judíos; los judíos —dicen— ocupan puestos de responsabilidad y pueden hacer de todo. Incluso se escucha decir que en la fábrica un judío se las arregla para no trabajar físicamente, sino para ser secretario de la célula del partido, delegado, etcétera.

ANTONOV.- Todavía existe un cierto antisemitismo, pero es menos virulento que antes. Los obreros retrógrados a menudo critican en su conjunto a todas las demás nacionalidades, sin distingos.

ZAJAROV.- Los prejuicios religiosos desaparecen año tras año. En la actualidad hay muy pocos obreros verdaderamente creyentes; generalmente se cree maquinalmente: «Debemos tener fe porque nuestros padres la conservaban». La propaganda antirreligiosa ha desempeñado un gran papel, y en poco tiempo los obreros habrán olvidado la religión. Los prejuicios nacionales aún existen y el antisemitismo todavía está presente

LAGUTIN Y KAZANSKI.- Un día algunos creyentes pensaron que podían iluminar a sus dioses utilizando la electricidad: entonces encendieron lámparas delante de los iconos. Pero un periódico se burló de ellos y esta «mecanización» de la religión no pasó de allí.

Además, los obreros nunca se distinguieron por un sentimiento religioso particular. En nuestros días no van a la iglesia, leen *El diario del ateo*, pero le piden al pope que bautice a sus niños («nunca se sabe»); no van a confesarse, pero cuando alguien se muere mandan a buscar al pope.

Los prejuicios nacionales son más profundos y más tenaces. Sobre todo el antisemitismo, aún muy vivo incluso en los ambientes comunistas. Por lo demás, se trata de un sentimiento «abstracto», por así decir, ya que se mantienen relaciones cotidianas normales con los judíos que son obreros, empleados, dirigentes del partido. En todo caso, se nota una neta disminución del nacionalismo, y la revolución —que ha obligado a la gente a desplazarse y a entrar en contacto con otras naciones— ha desempeñado en este aspecto una función extremadamente beneficiosa. Sin embargo, estamos lejos de haber alcanzado una situación perfecta, y habrá aún que esperar mucho tiempo para que los prejuicios desaparezcan por completo.

KAZAKOV.- Los prejuicios religiosos se debilitan día tras día. Los prejuicios nacionales son más lentos en desaparecer.

KOBOZIEV.- El setenta por ciento de los obreros y de los campesinos practicantes no se apoyan sobre datos puramente religiosos, sino que son practicantes formales, para mantener la fachada, por inercia, para que no se los critique.

IVANOV.- Entre los obreros, los prejuicios religiosos desaparecen en general más fácilmente que los prejuicios nacionales.

KOROBITSIN.- Respecto de la religión, puede decirse que el ruso jamás ha sido un hombre religioso, que en realidad este aspecto constituía en él una especie de hábito. Se decía que «había que rezar». Y aunque se consideraba al sacerdote como un intermediario entre Dios y los hombres, se le ponían todo tipo de sobrenombres. Esto muestra que el ruso no es religioso. En estos momentos, cuando unos sin partido se reúnen en la iglesia, lo hacen solamente porque no saben qué otra cosa hacer. Si el ruso antes no era religioso, en el presente lo es menos todavía. Pero nosotros no le hemos dado nada; hemos destrozado los prejuicios religiosos, pero no hemos ofrecido nada en su lugar. El ruso niega a Dios, pero al mismo tiempo va a la iglesia. ¿Por qué? Porque nosotros hemos aniquilado lo que existía antes pero no hemos construido nada sobre esos desechos. A nosotros, los comunistas, nos corresponde crear algo nuevo. Actualmente no tenemos la posibilidad de hacerlo; eso demanda decenas de años, en cuyo curso deberán aparecer nuevas formas. Pero no hemos tenido éxito en hacer lo que era necesario y las masas andan a tientas, buscando por sí solas esas nuevas formas.

Lagutin.- Hasta 1914 yo era terriblemente creyente. Iba a la iglesia, oraba, quería a los popes, lloraba delante de cada icono y pensaba que nadie podía ser más santo que yo. En 1914 estalló la guerra. Un día tuve que ir a la estación a acompañar a los soldados. Estaba allí, llorando, cuando un hombre se me aproximó y me preguntó: «¿Por qué lloras?». «Como para no llorar; tengo un hijo y se lo llevan.» Entonces escuché que decía: «Seguro que se lo llevan; es el zar quien lo ordena, y entonces se lo llevan.» «Pero —le dije— Dios nos ayudará. Vamos a rezar.» Y él: «¿Tú crees que Dios está solamente con nosotros? También está con los alemanes, con todo el mundo. Tú lloras por tu hijo y él va a matar a otro hijo, que también tiene una madre.» «Y bien, qué —le dije—, el zar lo ordena y yo voy a rezar para que mi hijo siga viviendo.» Y entonces recé, encendí cirios, y dos semanas después mataron a mi hijo. Y cuando me llegó una carta donde se me anunciaba su muerte, maldije a San Nicolás, y a partir de ese momento renegué de Dios. A menudo les doy este ejemplo a los obreros. «Ustedes rezan —les digo—, pero yo también le recé, y Dios no nos otorgó nada.» Y ahora numerosos obreros tienen conciencia de que no es Dios quien les dará lo que necesitan, sino que son ellos mismos quienes tienen que conseguírselo.

KOLTSOV.- Quisiera citar un ejemplo. Un carpintero tuvo un día la idea de hacernos una torta de Pascuas. La *pasja* es algo delicioso, y todos comimos. Sobre la verdadera *pasja* se dibujan todo tipo de signos religiosos, pero él había dibujado en un costado una estrella roja y en el otro había escrito URSS. Este tipo de *pasja* causó furor en la fábrica y le pidieron que preparara otras. Fue a ver al director de la fábrica y le preguntó si podía hacerlo, pero este se lo prohibió. De todos modos, hizo unas cincuenta.

KAZAKOV.- Los prejuicios religiosos eran, indiscutiblemente, muy importantes hasta 1917. Pero en el curso de los últimos cinco años se produjo una enorme transformación, y estoy seguro de que dichos prejuicios habrán desaparecido de aquí a veinte años. Si atendemos debidamente a la joven generación, si le ofrecemos actividades en nuestros clubes y en nuestros organismos culturales y si la formamos como creemos que hay que hacerlo, ella será más culta y, en ese caso, los prejuicios religiosos desaparecerán rápidamente.

[EXTRACTO DE UNA NOTA DE UN CAMARADA (ANÓNIMO)].- En una fábrica, un responsable de los jóvenes tomó un día la palabra para hablar contra la religión. Le reprocharon que en su casa tenía unos iconos. Al regresar a ella, el responsable, descontento, rompió todos los iconos. Su mujer, furiosa, se arrojó sobre los retratos de Marx y de

Lenin y los hizo pedazos. Para hacer las paces, decidieron que la mujer renunciaría a los iconos y el marido a los retratos de Marx y de Lenin.

[Extracto de una nota de Osnas].- En nuestro taller, cuando alguien muere se acostumbra a hacer una colecta que generalmente reúne fuertes sumas. Hace algunos días murió un montador mecánico electricista. Se organizó una colecta, pero cuando se supo que la madre del difunto deseaba «un entierro religioso», la gente empezó a dar menos, y a veces nada, porque —decían— «no hay motivos para hacerles regalos a los popes».

Lidak.- Posiblemente el obrero lleve una cruz, pero no es creyente. Y cuando hemos preguntado: «¿En qué consiste la religión?», todos los obreros nos respondieron: «Cuando vienes a buscar trabajo no se te pregunta si eres creyente, sino si sabes manejar el hacha y la sierra.» Por eso pienso que tenemos que interesarnos no por los cuadros de la base, que comparten nuestras ideas, sino por las mujeres llamadas a educar a la nueva generación, porque ellas aún no están liberadas y porque no podemos educar a los niños en establecimientos públicos. Hay que inculcarle nuevos conceptos a la mujer, de donde nacerá un modo nuevo de encarar la construcción comunista. Esta es la experiencia que reitero cada día en la fábrica.

Gordeev.- La madre de un director cayó enferma y en ese momento se llevó allí un icono de la Santa Virgen, que estuvo en todos los hogares, inclusive en los de los comunistas. El resto de la historia es interesante: al hallarse ya próxima a la muerte, la madre del director quiso tener este icono. El director aceptó, pero, luego de la plegaria, ató sobre el icono una cinta roja. Al día siguiente, su madre moría y había que enterrarla. Cuando le pregunté cómo la habían enterrado, me contó que él había organizado un servicio civil mientras sus hermanas habían preparado un servicio religioso. Él había invitado a unos comunistas, a la sección especial,[1] y cuando la ceremonia terminó, cantaron La Internacional. En el cementerio, el pope pronunció el oficio de muertos, arrojó un puñado de tierra sobre el ataúd y luego la sección especial tomó la palabra. Todo esto por una madre, una mujer de sesenta años. Esta fábrica está un poco marginada debido al gran número de empresas más importantes que debemos atender, razón por la cual la hemos descuidado. En la actualidad, todo el mundo está descontento.

MARININ.- Cuando se trata la cuestión nacional en abstracto, todos los obreros son internacionalistas; pero cuando en una empresa hay, por ejemplo, uno o dos letones, estonianos o judíos, es otro cantar. Sin embargo, sucedió que el buró de nuestra célula se compuso con casi todas las nacionalidades, aunque los obreros decían: «Este es de tal nacionalidad y aquel de tal otra». Respecto del antisemitismo, el barrio de Rogojsko-Simonovski ya antes se distinguía por ello, y hay que decir que, como no organizamos ninguna conferencia ni ningún debate sobre el tema, el antisemitismo sigue existiendo aún en la actualidad, incluso entre los miembros del partido. Es cierto que a los miembros del partido se los puede llamar al orden, pero de todos modos habría que considerar el problema más asiduamente y, por eso mismo, otorgarle un carácter un tanto más cultural, ya

---

1 En ruso, CON.

que podría ocurrir que la masa tuviese aún deseos de pogromos. Se trata, sin duda, de un pequeño número de personas, pero esas personas existen.

Antonov.- El obrero ruso tiene desde siempre la costumbre de considerar que si, en un país vecino, la gente no habla ruso, entonces son alemanes,[1] cualquiera que sea su nacionalidad. Hoy los obreros tienen más claro este aspecto y distinguen las nacionalidades conforme con las clases. Antes el obrero estaba extremadamente mal dispuesto hacia los judíos, pero también aquí se nota cierto progreso. Ya no mete más a todo el mundo en la misma bolsa. Por cierto, hay que esclarecer aún más este problema, pero ha experimentado grandes progresos.

Pregunta 11

¿A qué dedica el obrero el domingo y los días festivos en general?

Respuestas

Kulkov.- Los días de fiesta el obrero con familia se organiza del siguiente modo: si tiene los medios para hacerlo, su mujer prepara pasteles y él se ocupa de los niños o bien va al mercado, sin olvidarse de comprar el periódico, luego de lo cual se va a pasear al parque o a visitar a los amigos, llevando a los niños consigo. El obrero soltero también va

---

1 En ruso, el alemán es llamado *nemec*, es decir, «el que no habla la misma lengua».

al mercado, trata de comprar más barato, pasea y, luego de haber hecho todo esto suficientemente, entra en un café. Los viejos, en muy pequeño número, van a la iglesia. Si se organiza una salida o una verbena, y si todo está bien preparado, el obrero participa gustosamente. Los jóvenes, en su mayoría, se reúnen en el club, algunos van al campo y otros a la feria.

FINOVSKI.- Para organizar bien las actividades de los días de fiesta es menester trabajar en coordinación con los organismos culturales (que proponen paseos en verano, reuniones durante el invierno, conferencias); luego están el cine, el teatro, etc. Se trata de un problema muy importante, ¡y en este terreno podemos hacer las cosas de tal modo que los días festivos sean mil veces más divertidos que antes! Pero hasta el momento no se ha hecho nada. El Estado tiene que ayudarnos. Ya es hora de pensar en crear casas de reposo, centros infantiles, guarderías para las familias de miembros del partido, para quienes la familia es literalmente una carga no solo durante la semana sino también, y más todavía, en los días de fiesta.

ZAJAROV.- Actualmente se nota entre los obreros una tendencia a ir a pasar «todos juntos» el domingo en el campo. Esto es lo que explica el éxito de algunas salidas al campo, donde se dan cita de mil a mil quinientas personas. Si se compara el modo en que se pasan actualmente las fiestas respecto de como se hacía antes de la revolución, hay que señalar un notable progreso. Se bebe y se juega mucho menos que antes. Las camorras y las riñas ahora son excepcionales, mientras que en otro tiempo eran moneda corriente.

Gordeev.- Una vez que los obreros se casan se enclaustran en su familia y resulta imposible reunirlos para discutir, a no ser en las asambleas oficiales ya que, en general, nunca están libres. Pero en este momento, tomando la iniciativa de M. K., hemos organizado excursiones, cosa que goza de gran favor entre los obreros. Por ejemplo, el domingo pasado llevamos de paseo a casi siete mil obreros de las fábricas Nikolski, llevamos servicio de comida, invitamos a dos orquestas, montamos columpios y otros juegos y todo transcurrió perfectamente. Por desgracia, no pudimos otorgarle a esta salida un carácter educativo, cosa que les hubiese permitido a los obreros, junto con descansar, adquirir algunos conocimientos suplementarios. Este tipo de excursiones hace aproximar enormemente a los obreros entre sí y rompe las barreras familiares, que todavía son extremadamente resistentes. Las obreras arman rondas y cantan canciones revolucionarias mientras los obreros organizan asambleas, juegos, etc. Se trata de algo muy importante, y si pudiésemos completar dichos juegos con algunos conocimientos de ciencias naturales, fáciles de asimilar en plena naturaleza, podríamos darles a esas salidas un carácter educativo.

Gordon.- En el curso del invierno tuve oportunidad de participar frecuentemente en veladas en casas de los obreros. En el momento en que la gente debe despedirse, sienten súbitos deseos de bailar y tienen toda la razón. Pero a menudo se produce algo interesante: la gente se siente incómoda. Durante una excursión, teníamos una orquesta. Me venían a ver y me preguntaban: «¿Puedo bailar?» Yo respondía que sí, por supuesto. Y mientras bailan danzas rusas o cosacas, la gente se siente bien, pero cuando se empiezan a bailar danzas de salón, la mazurca o el one-step, se siente molesta. Debe decirse, pues, que se está particularmente mal dispuesto hacia las danzas de salón.

Dorofeev.- Entren en una taberna o en una cervecería que, por lo demás, es un deber que tienen. Si miran bien, verán que está lleno de obreros. Allí es donde el obrero se libera y allí donde puede llevarse a efecto la agitación. Su tiempo libre lo pasan prácticamente como antes.

Kulkov.- ¿Qué hacen generalmente los obreros el domingo y los días festivos? Actualmente, y dado que nuestros clubes aún no están bien organizados, los obreros pasan los días de fiesta de la siguiente manera: si, por ejemplo, los sindicatos o el comité del barrio organizan una salida, se les pide treinta rublos por persona, se les da un billete, un vaso de té, un panecillo, se ejecuta música, etc., y los obreros participan gustosamente. Pero si no hay nada parecido, ordinariamente, cuando los obreros tienen posibilidades, cuando su familia es poco numerosa, su mujer prepara pasteles, mientras ellos van al mercado, compran el *Moscú obrero* (cuando trabajan lo reciben en la fábrica, pero los días de fiesta el periódico no se distribuye a domicilio). Entonces compran el periódico y se lo llevan a la casa. Toman el té con su mujer y sus hijos, luego van a pasear a los bulevares o al parque, o se reúnen en casas de los amigos.

Pero existen, especialmente en nuestros días, otro tipo de obreros; obreros que ganan muy poco y que por las noches hacen trabajos extras, ya sea como zapateros, como sastres, etc. Y el domingo van a vender todo eso al mercado, con el fin de comprar algo a cambio. Muchos obreros hacen

eso y así pasan su domingo. Pero existe otro tipo
más antiguo: va a la iglesia (se trata de un pequeño número de personas), se dirige después a casa
de los amigos, o bien vuelve a su casa para dormir.
Los jóvenes, en su conjunto, van a jugar al fútbol,
se reúnen donde pueden, en los campos de juego,
en clubes, salen de excursión, etc.

Antonov.- ¿Qué hacen los obreros los días de fiesta? Puede decirse que los pasan como antes. Pero
existe una enorme diferencia en el sentido de que
antes el obrero reñía, dado que se emborrachaba,
mientras que ahora la embriaguez es sumamente
rara. Hoy el obrero se emborracha posiblemente una vez por mes. Antes el mismo obrero, que
ganaba un poco más, estaba borracho todas las
noches. Hay que reconocer que la embriaguez se
torna poco a poco una leyenda.

Gordon.- Los obreros están entusiasmados con el
cine. A mí también me gusta. Cuando se vive en
un barrio, se puede observar al público. En estos
últimos tiempos se han proyectado un gran número de filmes en favor de la política colonial
tales como *La Atlántida*, *La amazona mexicana*...
Son tan apasionantes que, si uno va a ver uno, va
a ver toda la serie. Esto causa un daño enorme
al público. Y vosotros, camaradas, ¿vais al cine?
Generalmente se considera que eso no está bien.
Pero una opinión semejante no tiene fundamento; el cine es una gran conquista, es una escuela.
Pero es preciso que el contenido de las películas
sea distinto, que no se canten loas a la política
colonial, etc. Hay que tener cuidado con esto.
Nosotros abrimos una sala de cine en el club del
barrio donde organizamos debates y presentamos
Cinco años de revolución.

Pregunta 12

¿No hay demasiadas fiestas oficiales?

¿No se ven demasiadas banderas?

*¿No sería mejor remplazar las banderas por algo más prác-
tico, más útil, como por ejemplo la creación de un fondo
municipal para la ciudad de Moscú, que posibilitaría la
construcción de una casa de reposo o bien un inmueble
para los héroes del trabajo, etc?*

Respuestas

Lissenko.- La masa participa poco en la fabricación
de banderolas. Sería muy atinado crear un fondo
para el Palacio del Trabajo, donde se exhibirían,
en paneles, los nombres de los obreros que han
hecho donativos. Se produciría una gran emu-
lación.

Zajarov.- Respecto de las fiestas oficiales, hemos
pasado la medida. Está de moda, y todo el mundo
considera necesario celebrar jubileos, aunque no
haya ninguna razón para ello. Por ejemplo, se fes-
teja el sexto año del nacimiento del Komsomol,
el primero de la creación del banco estatal. Hay
que saber medirse y hacer menos alboroto. En
cuanto a las banderas, parece que en la actualidad
se han dejado de fabricar totalmente.

Koltsov.- En lo concerniente a la fabricación de las
banderolas, los obreros no se perjudican econó-
micamente, ya que en la mayoría de los casos los
materiales son provistos por las fábricas, por las
comisiones culturales o por los comités de fábrica; pero se consagran sumas bastante importantes
para eso.

Kartchevski.- Quisiera detenerme solamente en un punto, en un pequeño detalle de nuestro modo de vida, y hacerlos partícipes de algunas reflexiones. Esta idea que enseguida voy a exponer se me ocurrió en ocasión de la lectura, en nuestra célula, de una exposición sobre el trabajo de nuestro club, el club de los empleados de la UMSC.[1] El informante lo elogiaba, haciendo resaltar que era un club ejemplar. Entonces yo señalé la falsedad de semejante punto de vista, alegando como fundamento el hecho de que al club solo venía una juventud ociosa, especialmente muchachas, y que si no podía negarse la utilidad del trabajo del club, no obstante, en su conjunto no ofrecía nada a los obreros ni a los trabajadores más ocupados. Por el contrario, el club era objeto de cierta irritación por parte de los obreros y de los empleados. El club se encuentra cerca de la empresa. Los empleados de oficina, que trabajan seis horas, tienen realmente tiempo libre para ir allí, para desayunar por un precio módico, para leer gratuitamente, para trabajar en los talleres o para jugar. Pero el empleado de los transportes, los trabajadores de las fábricas, los empleados de tiendas y de depósitos, que trabajan ocho horas por día y pasan de nueve a diez horas en la empresa, no están en condiciones de aprovechar el club. Conozco muchos obreros que no pueden vivir sin pasar un rato por el club para leer, para discutir de política. ¿Qué tienen que hacer? Tomemos por ejemplo un obrero que vive al final de Presnia[2] y cuyo lugar de trabajo se encuentre en Sokolniki.[3] Sale

---

1 UMSC: Unión Moscovita de Sociedades de Consumo, en ruso MSPO.
2 Presnia: gran calle al sur de Moscú.
3 Sokolniki: barrio al norte de Moscú.

a las 8 o 9 de la mañana y vuelve a las 8 o 9 de la noche. Su mujer y sus niños se quedan en la casa. ¿Qué hacer? Cena rápidamente y enfila para el club, en Sokolniki. Y el club cierra a las 10. Esto es lo que le ocurre a la mayoría de los obreros y de los trabajadores soviéticos (salvo en el caso de que las casas comunes estén situadas cerca de la empresa).

Su salida después del trabajo implica una multitud de conflictos familiares que envenenan las horas de descanso. En el mejor de los casos, su mujer razona del siguiente modo: «Yo entiendo, tú trabajas para tu familia, tienes el derecho de usar tus horas libres como quieras; pero tampoco yo puedo llevar una vida de condenada. Durante todo el día me ocupo de la cocina, de la comida, de la ropa, de los niños. Hay algunos trabajos que están más allá de mis fuerzas (partir la leña, etc.). Yo también quiero descansar, distraerme, poder leer.» Ella tiene toda la razón, y en la mayoría de los casos esta situación desemboca en disputas maritales, en un divorcio, o entonces la pareja se sumerge en una vida puramente vegetativa y pierde todo deseo de cultivarse. Sobre todo quise demostrar que el club no introducía ningún cambio en nuestro maldito modo de vida doméstico y formulé la idea de que había que encarar la creación de clubes barriales con el fin de que el obrero y el empleado tengan un club cerca de su domicilio, un club donde puedan ir a descansar, a leer, a distraerse, un club que se encuentre a pocos minutos de marcha de su casa, adonde también podría llevar a su mujer y a sus hijos. En suma, hay que acercar el club al obrero.

ZITRONBLATT.- Habéis escrito que la vieja familia está destruida. En ese terreno, se nota el siguiente fenómeno entre los jóvenes. Los lazos espirituales con la familia se han cortado. Padres e hijos viven cada uno su vida, sin comprenderse. A veces los padres tienen la tendencia a retener a sus hijos consigo, a ser nuevamente sus directores espirituales, pero esas tentativas fracasan. Esto nos parece extraño cuando se lee que antes los padres «metían» a sus niños en la escuela, en el servicio militar o inclusive en la universidad.

Ahora ya no es lo mismo. Los hijos se ocupan por sí solos de todo eso. Además, los padres se han habituado de tal modo a esta independencia que ellos mismos se asombran cuando su hijo o su hija les piden que los hagan entrar en una escuela superior o en otro sitio. La revolución nos ha acostumbrado a la independencia, a veces incluso a una independencia demasiado grande (como, por ejemplo, la venta de cigarrillos a los menores, etc.).

Esta independencia —más precisamente, la independencia respecto de los padres— es aún mayor en el terreno ideológico. El padre ya no sabe en absoluto quién es su hijo. Por ejemplo, no puede estar seguro de que su hijo sea honesto, puesto que no lo sabe. El universo del padre y el del hijo son extraños entre sí y prácticamente no tienen ningún punto en común (una excepción se plantea, sin duda, cuando el padre está en el partido y el hijo en el Komsomol). El niño se libra demasiado pronto de la tutela paterna y su personalidad se elabora bajo la influencia de otros factores.

Los padres ya no tienen el control espiritual de sus hijos y actualmente se presencia el nacimiento de una nueva generación con nuevas ideas, una generación más audaz, más cultivada, más libre, liberada de todos los prejuicios y de todo espíritu rutinario.

Para no hablar en el vacío, citaré un ejemplo y explicaré por qué me intereso tanto en la familia.

El verano pasado uno de mis amigos perdió a su madre, a quien nunca había dejado y que constituía su único objeto de cariño. Con gran asombro de mi parte (y también de la suya), resultó muy poco afectado.

Tratamos de comprender por qué y descubrimos que su madre y él eran extraños entre sí porque no se comprendían y que, en general — como ya dije—, prácticamente no tenían ningún punto en común. Esto me interesó; entonces observé e interrogué a mis camaradas (yo no tengo ya familia) y llegué a las conclusiones que acabo de exponerles.

ANEXO 2

¿CUÁL ES LA SALIDA?[1]
A PROPÓSITO DEL MODO DE VIDA DE LOS COMUNISTAS

SEDIJ

Actualmente se habla mucho del modo de vida de los miembros del partido. No hay humo sin fuego. Dentro del partido se producen deslizamientos imperceptibles que al fin de cuentas pueden restarle esta cohesión, esta unidad, este espíritu de disciplina gracias a los cuales, sin ninguna duda, vencerá. En la base de estos deslizamientos se encuentran:

1) Una reacción fisiológica ante la fatiga y el agotamiento.
2) Existencia, comparativamente con el pasado (en el período anterior a la NEP), de contactos más frecuentes —en la vida cotidiana— entre los miembros del partido y los elementos pequeño-burgueses, productos puros de la NEP.
3) Una desigualdad material dentro del partido (una holgura relativamente grande de algunos y una penuria relativa o total en otros).

Imaginemos un comunista «medio» —un obrero o un miembro de la intelectualidad—, trabajador obstinado y que las ha pasado negras.

---

1 Con el permiso del camarada Sedij, reeditamos este artículo extraído de *Pravda* referente a problemas extremadamente importantes del modo de vida de los comunistas. [León Trotski]

Antes de la NEP, trabajaba en las siguientes condiciones: iba de ciudad en ciudad, estaba totalmente desconectado de su familia, recibía media libra de pan por día, tomaba su comida en la SCR[1] o en un hogar de trabajadores. La situación era tensa: había que trabajar en el frente, se organizaban campañas de choque, había levantamientos, etc. En esas condiciones, sus vínculos con su mujer y sus hijos —si alguna vez habían existido— se debilitaron. Como miembro del partido, vivía más de los intereses del partido que de los suyos propios. El partido, literalmente, se lo tragaba. En las condiciones de la NEP y de una vida «pacífica», debemos verificar en el comunista medio un predominio de los intereses personales y familiares sobre los del partido. Esta reacción fisiológica de personas que durante mucho tiempo no conocieron los «placeres» de la vida, que durante tres o cuatro años pasaron frío y no pudieron saciar su hambre en vajilla propia, ha desempeñado un papel enorme en el desplazamiento de los intereses. Es natural que en esta época de transición, representada por la NEP, los centros de interés se hayan desplazado hacia la organización de la vida personal.

El peligro que no habíamos afrontado en 1921 y en 1922 residía en que esta situación del comunista, resultante de una reacción fisiológica para muchos miembros del partido, se reforzara y en que, por inercia, ya que no había una verdadera militancia, la familia, el confort doméstico que quería conocer, lo acaparasen por completo. Los contactos con el partido disminuían, en tanto que en el seno de esta conquista del bienestar —tanto dentro como

---

1 SCR: Sociedad de Consumidores Reunidos, en ruso, EPO.

fuera de la familia— las relaciones con los pequeñoburgueses aumentaban. No seríamos marxistas si no reconociéramos la influencia de ese medio pequeñoburgués o burgués en el cual el comunista se mueve de doce a catorce horas por día. Los problemas de la vivienda, de la alimentación, del vestido, de la salud de la mujer y de los niños, todo esto va, progresivamente, situándose por encima de los problemas de la vida política del partido. Además, estos problemas colocan a veces al comunista en una situación contradictoria entre el partido y su familia. En un momento dado, podría notar con asombro que para resolver sus problemas cotidianos, para escoger un trabajo, para utilizar sus horas libres, no son los intereses del partido, sino de otro orden, los que le guían.

Esta degradación puede aún aumentar si el comunista se acostumbra a colocar sus propios intereses y los de su familia sobre los de la colectividad. La calidad aventaja a la cantidad y cae fácilmente bajo la influencia de los especialistas y de los *nepmen*. La sed por adquirir cuantiosos bienes materiales, la necesidad de sensaciones «fuertes», se apoderan del individuo. Esto desembocó en diversos procesos, el affaire de Orejovo-Zuievski, en el asunto de Arjangelskóie, etc. Este es, en líneas generales, el mecanismo de la desmoralización parcial o total de un gran número de comunistas.

Para completar el panorama, hay que agregar que los miembros del partido más o menos desahogados tampoco están al abrigo de esta degradación. Ciento cincuenta rublos, un automóvil, una casa de campo pueden, a largo plazo, con la influencia de un ambiente pequeñoburgués de «buena ley», trasformar a los miembros del partido de dos modos diferentes:

en primer lugar se convierten en burócratas aferrados a sus plazas (traten ahora de enviar esta capa de trabajadores a la fábrica, a un distrito, a una circunscripción donde el partido los necesite, y verán que solo un 30 o un 40% de los mismos son motivados por los intereses del partido); y en segundo lugar se tornan hombres de la NEP gracias a la acumulación de cierto número de bienes que harán fructificar, olvidando entonces sus lazos con el partido o bien, si dichos lazos existen, utilizarán su situación dentro del partido con un fin interesado.

Centenares de procesos intentados por los tribunales populares o por la corte suprema pueden servir aquí de ilustración (como por ejemplo el actual proceso del presidente del tribunal de Stavropol).

Además, ciertos miembros del partido —especialmente administradores— que trabajan en un ambiente ultraburgués, aparte de la degradación moral que los amenaza, no están asegurados contra una degeneración ideológica «en favor» del capitalismo.

En el partido existe una enorme masa de jóvenes pletóricos de salud que se encontraron en el fuego de la revolución en 1918-1920, que durante el período de las conmociones revolucionarias rompieron con su familia, que se batieron en el frente con entusiasmo, etc. «Jóvenes viejos», físicamente agotados (a los veinticinco años a menudo tienen los cabellos blancos), se agolparon ante las puertas de las escuelas superiores o se pusieron a trabajar. Entre ellos la desmoralización es menor. Pero hay que analizar las causas que pueden entrañar y que se esconden tras un fenómeno imperceptible de degeneración y de degradación entre estos elementos, los mejores del partido. Entre ellos el principal problema es el problema sexual. Estos camaradas tienen tantas más desventajas respecto del resto de los estudiantes no comunistas o de los estudiantes reclutados actualmente en el Komsomol en la medida en que recién ingresan en una escuela superior a los veinticinco o veintiocho años. No pueden resolver todos los problemas especulando sobre su naturaleza, como hacen los komsomoles de dieciocho años. La dificultad de conciliar un trabajo universitario con una vida familiar en condiciones materiales penosas los arrincona en un callejón sin salida. Para resolver su problema sexual, utilizan «medios» que pueden resultar fuente de degradación moral y física. Todo el mundo los conoce: 1) relaciones con prostitutas; 2) abortos, etc.; 3) continencia, represión del deseo sexual, lucha contra el «yo» fisiológico; 4) procreación. Pocos son quienes optan por la última solución. En vista de las condiciones materiales extremadamente difíciles, esta no es menos penosa que las demás y a menudo obliga a abandonar todo trabajo universitario.

No hay salida, y el estudiante comunista se debate como un pobre diablo, luchando contra sí mismo, reprimiendo sus deseos, abandonando su trabajo universitario para ganar un «pedazo» de pan para su familia. O bien, entonces, se mutila, pacta con la conciencia comunista (mantiene relaciones con prostitutas). Imaginen una situación de este tenor que dure cuatro o cinco años. Muchos se rompen los dientes contra «el granito de la ciencia».

Nos parece que la única salida consiste en una reorganización radical de la vida del comunista sobre bases colectivistas. Este problema ha sido planteado más de una vez en *Pravda* (véase el artículo de Preobazhenski, etc.), y estamos obligados a volver sobre el mismo. Los comunistas podrían aprovechar mejor su salario, obtener mayores ventajas, si lo utilizaran colectivamente.

Poniendo su salario en una caja común, los comunistas de las diferentes circunscripciones y de los diferentes barrios podrán por fin realizar el eslogan olvidado: «¡Al diablo las soperas y los pañales!». Algunas experiencias de ese tipo se han realizado aquí y allá, pero aún no han alcanzado a las más amplias capas del partido. Y, precisamente, es la masa de los estudiantes medios la peor provista. Estas colectividades son los embriones de la comunidad comunista. La masa de los sin partido pronto se incorporará a ellas y así se abrirá el horizonte de un modo de vida comunista.

De ese modo desaparecerán las causas de la degeneración:

1) Se verá desaparecer la desigualdad entre los miembros del partido, desigualdad cuyas consecuencias han sido analizadas más arriba (degeneración de algunos como consecuencia de un excesivo bienestar y de los otros por una estrechez relativa o total).

2) Los contactos entre los comunistas y la masa serán más estrechos y el comunista se liberará del cuidado de la cocina, del lavado, etcétera.

3) En dichas colectividades será posible pasar al contraataque y realizar propaganda en la familia del comunista, junto a su mujer, etc., ya que la mentalidad reaccionaria de una mujer sin partido hunde sus raíces en la cocina y en el lavado.

4) El problema sexual, en gran parte, se resolverá. Al realizar gastos colectivos, será posible crear guarderías, jardines de infancia. En todo caso, la procreación será un medio más utilizado para resolver el problema sexual.

Es imposible decir que se trata de un problema nuevo, pero esta es justamente la razón por la cual se tropieza con graves problemas de orden psicológico. Todos han conservado los hábitos de las sociedades de consumidores anteriores a la NEP. Cuando se habla de las colectividades de comunistas, muchos se acuerdan del ilustre *shrapnel*.[1] Además, se alega que «el hábito os viene de arriba». Pero hay que esperar que las mujeres sin partido sean la principal fuente de resistencia a la organización de las colectividades. Y sin embargo, tarde o temprano, y a pesar de todos los obstáculos, la vida nos obligará a dar un paso en esa dirección.

Pero mientras tanto, es la juventud la más sensible y la que más sufre la situación actual y es ella la que marcha a la vanguardia por la vía de la experimentación. Basta de palabras, pasemos a la acción. Comencemos por organizar colectividades voluntarias del modo de vida.

---

1 Proyectil hueco que contiene balines esféricos; se hace estallar a poca distancia del objetivo, la que alcanzan los balines al expandirse.

TARAREAR
MELODÍAS DE LA
VACA LOLA CUANDO
SE CAMINA POR LA CALLE
SOLO, ACABARSE EL CAPÍTULO
DE *BLUEY* CUANDO EL BICHO
YA SE HA DORMIDO, SUSTITUIR
DEFINITVAMENTE 'OSO' POR
'OSETE'...

EL SÍNDROME DE ESTOCOLMO SE
MANIFIESTA DE LOS MODOS MÁS
INSOSPECHADOS. TAMBIÉN EN
MADRID, A 29 DE ENERO DE
2024